Nikolaas Sintobin SJ

Lernen zu unterscheiden

Herz, Geist und Wille

Ignatianische Impulse
Herausgegeben von Igna Kramp CJ, Stefan Kiechle SJ und Stefan Hofmann SJ
Band 99

Ignatianische Impulse gründen in der Spiritualität des Ignatius von Loyola. Diese wird heute von vielen Menschen neu entdeckt.

Ignatianische Impulse greifen aktuelle und existentielle Fragen wie auch umstrittene Themen auf. Weltoffen und konkret, lebensnah und nach vorne gerichtet, gut lesbar und persönlich anregend sprechen sie suchende Menschen an und helfen ihnen, das alltägliche Leben spirituell zu deuten und zu gestalten.

Ignatianische Impulse werden begleitet durch den Jesuitenorden, der von Ignatius gegründet wurde. Ihre Themen orientieren sich an dem, was Jesuiten heute als ihre Leitlinien gewählt haben: Christlicher Glaube – soziale Gerechtigkeit – interreligiöser Dialog – moderne Kultur.

Nikolaas Sintobin SJ

Lernen zu unterscheiden

Herz, Geist und Wille

echter

Inhaltsverzeichnis

Eines der Dinge, die die Kirche heute am meisten braucht, ist die Unterscheidung.

Papst Franziskus, 16. Januar 2018

David liebt seine Frau Eva sehr. Im Laufe der Jahre ist diese Liebe noch stärker geworden. Aber von Zeit zu Zeit, wenn er Eva neben sich liegen sieht, wenn er aufwacht, empfindet er absolut nichts für sie. Das kann ein paar Tage dauern. David kann es sich einfach nicht erklären. Manchmal macht er sich Sorgen. Ist Eva wirklich die Frau, mit der er sein Leben verbringen soll?

Elise ist Kickboxerin, genau wie ihre beiden älteren Brüder. Kürzlich besuchte sie mit einigem Widerwillen die Ballettaufführung ihrer besten Freundin. Elise war völlig überwältigt. Sie kann nicht genau sagen, was in ihr vorging. In ihrer Familie spricht man nicht uber Gefuhle. Aber es hat sie wirklich tief berührt. Wenn sie jetzt an der Ballettschule vorbeigeht, fühlt sie sich immer unruhig. Elise weiß nicht mehr, was sie tun soll. Vielleicht muss sie ihren Weg ändern?

Zum ersten Mal in seinem Leben probiert Alexander eine Schweigeklausur in einem Kloster aus. Der Frieden und die Stille sind eine Wohltat. Nie zuvor war Alexander dem Kern seines Lebens so nahegekommen. Es macht ihm Lust auf mehr. Doch die Rückkehr nach Hause ist schmerzhaft. Seine Mitbewohner sind von seiner Geschichte genervt. Sie sagen ihm, es klinge nach Gehirnwäsche. Alexander zögert: Ist es eine gute Idee, noch einmal so eine Klausur zu machen? Doch wenn er an das Wochenende zurückdenkt, fühlt er sich weiterhin gut und in tiefem Frieden.

Warum ich dieses Buch schrieb

In meiner Jugend habe ich viel studiert. Ich dachte, dass die obersten zehn Zentimeter meines Körpers bei weitem die Wichtigsten sind. Als ich mein Studium beendet hatte, lernte ich dank meiner Freunde eine andere Lebensweise kennen. Zu meiner großen Überraschung entdeckte ich, dass man im Herzen Antworten auf Fragen findet, die man mit dem Verstand nicht beantworten kann. Ich wurde in diese Weisheit von Menschen eingeführt, die sich ihre »intellektuellen Sporen« mehr als verdient hatten. Das half mir, diese Art, die Welt zu sehen, ernst zu nehmen. Die Tatsache, dass diese Weisheit mit dem christlichen Glauben verbunden war, war für mich als junger Christ, der seinen Glauben vertiefen wollte, ebenfalls ein Pluspunkt. Ein Jahr später beendete ich mein Studium. Ich begann, an der Universität als Forscher zu arbeiten, und wurde dann Anwalt. Ich war gerade dabei, meine Flügel auszubreiten. Ich genoss mein Leben als junger Erwachsener.

In der Zwischenzeit vertiefte ich mich weiter in diese Weisheit. Ich erfuhr, dass sie »ignatianische Spiritualität« genannt wurde. Eine konkrete Folge dieser Entdeckung war, dass ich nun regelmäßig Zeiten der Stille suchte, um auf das zu hören, was tief in meinem Herzen vor sich ging. Auf diese Weise wurde mir bewusster, was mir Freude bereitet. Außerdem begann ich zu erkennen, dass ich dieser Freude mehr Raum in meinem Leben geben konnte, indem ich Entscheidungen traf. Nach und nach kam ich zu der Überzeugung, dass meine tiefste Intuition mich zu der Frage führt, wozu ich in meinem Leben berufen bin. So

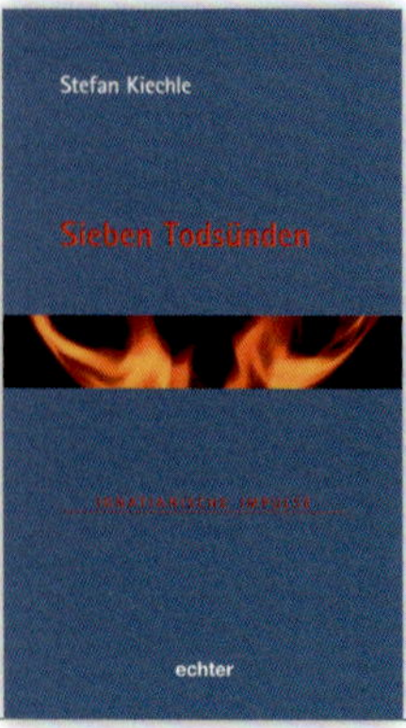
Stefan Kiechle
Sieben Todsünden
echter

lernte ich allmählich zu erkennen, was in meinen Gefühlen vorging.
Zwei Jahre nach der Entdeckung dieser ignatianischen Spiritualität verbrachte unser Freundeskreis ein Wochenende in der Abtei von Leffe. Während eines Moments der Stille kam mir ein überwältigender Gedanke in den Sinn: Nikolaas, du hast in den letzten zwei Jahren immer mehr Freude erfahren, indem du nach dem gelebt hast, was du durch diese Intuition und Unterscheidung entdeckt hast. Wie wäre es, wenn du dein Leben so gestaltest, dass du dich ganz dem widmest? Ich habe dies als eine Einladung verstanden, Priester und Jesuit zu werden. Die Frage zu stellen bedeutete, sie zu beantworten, und zwar auf positive Weise.
Heute, mehr als dreißig Jahre später, vertraue ich immer noch auf diese Intuition und Unterscheidung als zuverlässige Wegweiser meines Lebens. Ich habe diese Weisheit mit unzähligen Menschen geteilt: Eltern, Lehrerinnen, Pflegern, Priestern und Pastorinnen, Nonnen, Geschäftsleuten, Studenten usw. Für mich ist diese Lebensweise eng mit meinem christlichen Glauben verbunden. Die Erfahrung zeigt jedoch, dass sie auch vielen Nicht-Christen ein besseres und sinnvolleres Leben ermöglicht. In diesem Buch möchte ich mit den Lesenden die Früchte jahrzehntelanger persönlicher Erfahrung, des Studiums und der Schulung in der Unterscheidung teilen.

Nikolaas Sintobin SJ

Einführung

In diesem Buch geht es um Unterscheidung. Unterscheiden bedeutet, dass man in seinem Innersten nach Hinweisen sucht, um zu wissen, was man tun oder nicht tun soll. Genauer gesagt, bedeutet Unterscheidung, dass man darauf achtet, was in den Tiefen des eigenen Herzens geschieht. Christen glauben, dass ein aufmerksames Lesen unserer tiefsten Gefühle uns offenbaren kann, wozu Gott uns auffordert. Auch die Bibel kann in dieser Hinsicht wertvolle Erkenntnisse liefern. Aber die Sprache, die Gott heute spricht, ist die der menschlichen Erfahrung.

Intuition. Unterscheidung ist so alt wie die Menschheit. Sie ist keineswegs etwas Ungewöhnliches. Im Laufe der Geschichte haben sich viele Menschen von ihrer Intuition leiten lassen, wenn sie eine Entscheidung zu treffen hatten. Etwas, das uns ein gutes Gefühl gibt, erscheint uns als zuverlässig, und wir handeln danach. Das Gegenteil ist der Fall bei Dingen, die uns ein schlechtes, ängstliches oder misstrauisches Gefühl geben. Auf diese Weise unterscheiden viele Menschen zwischen positiven und negativen Gefühlen und nutzen sie als Ausgangspunkt für ihre Entscheidungen. Auch wenn sie sich dessen nicht wirklich bewusst sind, verlassen sich viele Menschen in der Praxis auf das, was ihr Herz ihnen sagt. Für Christen liegt der Glaube zugrunde, dass diese positiven Gefühle oft etwas über die Annäherung an Gott aussagen. Negative Gefühle hingegen sprechen oft von einer wachsenden Entfernung von Gott.

Die Erfahrung zeigt jedoch, dass Gefühle manchmal widersprüchlich sind und zu Verwirrung führen. Es kann auch vorkommen, dass wir überhaupt nichts fühlen. Oder wir erkennen, dass ein negatives Gefühl eigentlich ein gutes Zeichen ist. Umgekehrt gilt das Gleiche für einige positive Gefühle. Sie können ein schlechtes Zeichen sein.

Maria entscheidet sich bewusst dafür, eine Beziehung zu beenden, die keine Zukunft hat. Die Trennung ist schmerzhaft und macht sie traurig. Dennoch weiß Maria, dass sie das Richtige getan hat: Sie denkt an ihre Zukunft.

Tony findet es schwierig, mit Spannungen umzugehen. Im Büro kommt es mit einem Kollegen zum Konflikt, bei dem es darum geht, wer was zu tun hat. Die Begegnung eskaliert schnell. Tony schlägt eine Lösung vor, die eigentlich seinen eigenen Interessen zuwiderläuft. Der Kollege nimmt sie sofort an und bedankt sich. Tony fühlt sich ruhig. Am Abend, als er seiner Frau von dem Vorfall erzählt, ist die Ruhe der Wut gewichen.

Es ist nicht leicht, das zu erkennen. Mit dem Herzen allein kommt man da nicht hin.

Misstrauen. Auch der Widerstand gegen die Unterscheidung ist universell. Viele Menschen sind misstrauisch gegenüber ihren Gefühlen. Sie glauben, dass Gefühle unzuverlässig und launisch sind. Gefühle kommen und gehen, man kann sie nicht kontrollieren. Um eine Entscheidung zu treffen, lassen sie sich lieber vom Verstand leiten. Der ist, so meinen sie, objektiv, rational und daher zuverlässiger.

Es versteht sich von selbst, dass Intelligenz und Vernunft auch bei der Entscheidungsfindung ihren Platz haben. Was aber tun, wenn man vor einer wichtigen Entscheidung steht und zwei gleich gute Alternativen hat? In beiden Fällen gibt es in der Regel objektive Argumente für und gegen beides.

Derek und Charlotte sind verheiratet. Sie haben zwei kleine Kinder. Sie erhalten ein Angebot, für einige Jahre nach Afrika zu gehen und dort zu arbeiten. Sie fassen die Vor- und Nachteile von Bleiben oder Gehen zusammen. Sie ziehen alles in Betracht: ihre persönlichen Erwägungen, die Kinder, die Familie usw. Aber sie kommen zu keinem Ergebnis. Es gibt ebenso viele Argumente für wie gegen jede Option. Da sie in einer so wichtigen Frage nicht zu Strohhalmen greifen wollen, beschließen Derek und Charlotte schließlich, sich von dem leiten zu lassen, was ihr Herz ihnen sagt.

Herz, Verstand und Wille. Bei der Suche nach dem, was wirklich wichtig ist, sind Herz und Verstand nicht unvereinbar. Auch der Wille hat seinen Platz. Unterscheidung setzt ein subtiles Gleichgewicht zwischen diesen drei menschlichen Fähigkeiten voraus.

Die Erfahrung zeigt, dass nicht jedes angenehme Gefühl ein zuverlässiger Wegweiser ist. Umgekehrt zeigt sich, dass unangenehme Gefühle manchmal den Weg zu mehr Glück weisen können. Was macht man, wenn man in einer Krise steckt und wie ein Jo-Jo alle möglichen Gefühle auf einmal erlebt? Ist Unterscheidung etwas, das man nur in großen Lebensabschnitten übt? Oder ist es etwas, das man auch im täglichen Leben tun kann? Was tun Sie, wenn Sie mit Ihren Angehörigen bei einem Problem nicht einer Meinung sind und dennoch eine Entscheidung treffen müssen? Wie können Sie als Eltern Ihrem Kind helfen zu unterscheiden? Kann man im Zweifel unterscheiden?

Dieses Buch soll diese und viele andere Fragen beantworten. Es beginnt mit einem allgemeinen Überblick über die Praxis der Unterscheidung und untersucht die Rolle unseres Herzens, unseres Verstandes und unseres Willens. Dann wird erklärt, wie Unterscheidung im täglichen Leben praktiziert wird und wie sie dabei helfen kann, Entscheidungen zu treffen, Kinder zu erziehen und zu wissen, ob etwas gut oder schlecht ist. Dann werden zehn verschiedene emotionsgeladene Situationen erforscht. Schließlich geht das Buch auf die Frage ein, ob Unterscheidung Christen vorbehalten ist oder nicht, und es erörtert kurz die Unterscheidung in einem gemeinschaftlichen Umfeld. Das Buch schließt mit einer Reflexion über Unterscheidung als Lebensweise.

Ignatius von Loyola (1491–1556). Er gilt als der größte Unterscheidungsspezialist aller Zeiten. Ignatius war ein spanischer Adliger und der Gründer der Jesuiten. Er hatte ein außergewöhnlich reiches spirituelles Leben. Ignatius verband dies mit einer erstaunlichen Kenntnis der menschlichen Psyche. In seinen Schriften erklärt er auf subtile Weise, wie Unterscheidung geht. Ignatius hat die Unterscheidung nicht erfunden. Seine Leistung besteht vor allem darin, dass er sie systematisiert hat. Seine Methode der Unterscheidung hat bis heute unzählige Menschen inspiriert, Christen wie Nichtchristen. Dieses Buch schöpft aus seiner Erfahrung. Ignatius von Loyola verwendet den Ausdruck Unterscheidung der Geister. In diesem Buch wird der einfachere Ausdruck Unterscheidung verwendet.

Dieses Buch ist für ein breites Publikum gedacht. Es setzt keine Vorkenntnisse voraus. Es ist eine konkrete und praktische Einführung, in der die Grundelemente der ignatianischen Unterscheidung erläutert und mit zahlreichen Beispielen illustriert werden. Wir hoffen, dass es dank des Fachwissens von Ignatius helfen wird, die Art und Weise, wie man auf seine Intuition oder seine Gefühle hört, besser zu verstehen und zu vertiefen.

I. Unterscheidung: ein Handbuch

Es ist nicht immer leicht, zu unterscheiden. Es gibt verschiedene Voraussetzungen, bevor eine Unterscheidung getroffen werden kann. Es gibt auch mehrere Schritte und Elemente in der Dynamik des Unterscheidens.

1. Erste Schritte

Die Unterscheidung erfordert Vorbereitung, sowohl auf der Ebene des Herzens als auch in Bezug auf das Objekt der Unterscheidung. Bei der Unterscheidung geht es nicht darum zu sagen: Es gefällt mir, also werde ich es tun, oder es gefällt mir nicht, also werde ich es nicht tun. Die ignatianische Unterscheidung appelliert an den subtilen und komplexen Reichtum des menschlichen Wesens. Bevor man mit der Unterscheidung beginnt, ist es gut, die drei folgenden Vorstufen zu durchlaufen.

Die Sensibilität ausbilden

Unterscheidung bedeutet, dass wir uns von dem inspirieren lassen, was wir auf der Ebene unserer tiefsten Gefühle erfahren. Gefühle sind sehr persönlich. Deshalb ist es nicht ungewöhnlich, dass wir genau dort nach dem suchen, was für uns am besten ist. Christen glauben, dass wir in unserem Herzen die Stimme Gottes hören können. Dort können wir finden, wozu er uns persönlich einlädt. Christen glauben, dass der beste Weg zu einem glücklichen und sinnvollen Leben ist, diesem Ruf zu antworten.

Gefühle können beeinflusst werden. Denken Sie daran, wie Marketing funktioniert: Werbung kann erfolgreich Gefühle in uns erzeugen. Genauso können gute oder weniger gute Freunde einen Einfluss darauf haben, was jemand mag oder nicht mag. Das Gleiche gilt für das Wetter, für die Gesundheit oder für die Tageszeit. Denken Sie an die vielen Menschen, die keine Morgenmenschen sind.

Gefühle können auch ganz schön seltsam oder problematisch sein. Manche Menschen verletzen sich selbst oder andere gerne. Gefühle können pervers sein. Sehen Sie sich kleine Kinder an: Sie können süß wie Engel sein; sie können aber auch brutal und grausam sein wie Teufel und dennoch Freude daran finden. Man kann seinen Gefühlen also nicht bedingungslos vertrauen. Das Herz muss geformt, genährt und verfeinert werden.

Die Menschen finden es normal, dass ihr Verstand durch jahrelanges Studium geformt wird. Das Gleiche ist für das Gefühlsleben notwendig. Nicht nur in der Kindheit – ein Leben lang bleibt diese Notwendigkeit bestehen. Vor allem wenn man will, dass das Herz ein verlässlicher Wegweiser zu dem ist, was wichtig ist. Doch nicht alle Meister auf diesem Gebiet sind solide und vertrauenswürdig.

Wer von klein auf nur Limonade und Fast Food zu sich genommen hat, wird es schwer haben, raffiniertere – und nahrhaftere – Speisen und Getränke zu schätzen. Das Gleiche gilt im weiteren Sinne für unsere Lebensweise. Manche Menschen glauben, dass Glück nichts anderes ist als Eigennutz und persönlicher Komfort. Sie glauben aufrichtig, dass Freude gleichbedeutend ist mit der unmittelbaren Befriedigung von Hunger und Durst, dem Wunsch nach Geld, Macht und Anerkennung. Es fällt ihnen schwer zu erkennen, dass Engagement für andere, Kompromisse, Vergebung, Solidarität, Geduld und Zurückhaltung weitaus mehr Freude bereiten können als die narzisstische Konzentration auf sich selbst.

Carolines Mutter hat ihrer Tochter immer den Glauben eingeflößt, dass äußere Schönheit das höchste Gut sei. Jeden Tag verbringt Caroline viel Zeit vor dem Spiegel. Im Laufe der Jahre ist sie sehr geschickt darin geworden, sich um ihr Aussehen zu kümmern. Sie erhält oft Komplimente für ihr Aussehen, was sie sehr schätzt. Diese kleine, immer wiederkehrende Freude geht jedoch mit einem gewissen inneren Unbehagen Hand in Hand. Caroline hat gelernt, damit zu leben. So ist das Leben nun einmal, sagt ihre Mutter. Jetzt, wo Caroline langsam Falten und ein paar graue Haare bekommt, merkt sie, dass sie immer ängstlicher wird. Dieses Gefühl erschöpft sie. Caroline fragt sich, wie lange sie das noch durchhalten wird.

Es ist wunschenswert, dass wir unser inneres Leben von der enormen Erfahrung und Weisheit inspirieren lassen, die die Menschheit in ihrer langen Geschichte erworben hat. Seit Tausenden von Jahren sind die Menschen urteilsfähig. Daraus haben wir viele Lektionen gelernt. Es ist nicht notwendig, dass jede Generation und jeder Mensch das Rad neu erfindet. Musik, Literatur, Tanz, Film und andere Kunstformen können dazu beitragen, die Sensibilität des Herzens zu schärfen und zu vertiefen.

Der Meister des Herzens. Das gilt auch für die große religiöse Erfahrung der Menschheit. Für die Christen bedeutet dies vor allem, sich von Jesus inspirieren zu lassen. Er ist der Meister schlechthin für die Liebe und damit für ein authentisches Leben. Wir brauchen diese Nahrung und Inspiration nicht nur einmal, sondern unser ganzes Leben lang. Regelmäßig zu beten und sich im Alltag vom Beispiel Jesu inspirieren zu lassen, bedeutet, dass das tiefste und innerste Selbst von seinem Evangelium erschlossen, geformt und bereichert wird. Je mehr dies geschieht, desto mehr kann ein Mensch darauf vertrauen, dass seine tiefsten Gefühle wirklich von Gott selbst inspiriert werden. Auf diese Weise können affektive Regungen zu verlässlichen Wegweisern für ein erfülltes Leben werden, das Leben, das Gott für jeden Menschen wünscht.

Mit dem Verstand den Boden bereiten

Es ist wichtig, auf das Herz zu hören, aber das reicht nicht aus. Unterscheidung ist kein Vorwand, mit geschlossenen Augen weiterzugehen. Unterscheidung setzt voraus, dass das Herz vom Verstand gut informiert ist. Wir müssen sicher sein, dass unsere Gefühle auf einem vollständigen und richtigen Verständnis der Situation beruhen. Deshalb ist es wichtig, die Frage oder das Thema, über das man nachdenken will, sorgfältig vorzubereiten.

Wenn zum Beispiel ein junger Mensch eine Entscheidung über seine Studienwahl treffen möchte, muss er sich unbedingt vorher informieren, welche Möglichkeiten für ihn in Frage kommen, nicht nur in den Träumen, sondern auch in der Realität. Das bedeutet, dass er sorgfältig prüfen soll, was er über seine Fähigkeiten und Vorlieben von früher her und aus Erfahrungen weiß. So wird er besser erkennen, was er gut kann und was er nicht so gut kann. Er wird auch im Internet recherchieren, mit Lehrern, Familienmitgliedern, Freunden und Menschen aus verschiedenen Berufen sprechen usw. Auf diese Weise zeigt sich ihm, welche Studiengänge interessant und machbar sind und ob sie seinen Wünschen und Vorlieben entsprechen.

Stefan hat seit seiner Kindheit eine Leidenschaft für Flugzeuge. Nach und nach wurde sein Wunsch, Kampfpilot zu werden, bestätigt. Stefan ist jetzt 17 Jahre alt und hat recherchiert, wie er sich am besten auf einen solchen Beruf vorbereitet. Vor kurzem war er mit Freunden in einem Vergnügungspark. An einem Gerät mit großen Druckschwankungen verlor er für eine Weile das Bewusstsein. Medizinische Untersuchungen ergaben, dass er ein angeborenes Problem mit dem Gleichgewicht hat. Stefan ist sehr besorgt. Er hat gelernt, dass man korperlich sehr fit sein muss, um ein Kampfflugzeug zu fliegen. Stefan ist immer noch begeistert von Flugzeugen. Gleichzeitig merkt er, dass sein Wunsch, Kampfpilot zu werden, zu schwinden beginnt.

Manchmal geht es bei der Unterscheidung um ein Thema, das andere Menschen, eine Organisation, eine Gruppe, eine Gemeinschaft, an der Sie beteiligt sind, usw. betrifft. In diesem Fall ist es ratsam, vor Beginn der eigentlichen Unterscheidung zu prüfen, was andere darüber denken oder wie die Organisation selbst das Thema sieht.

Cécile hat sich entschlossen, in ihrer Gemeinde mehr Verantwortung zu übernehmen. Gleichzeitig wird sie angesprochen, Mitglied des Pfarrgemeinderats zu werden. Ihre unmittelbare Reaktion ist, dass dies genau das ist, wonach sie sucht. Bevor sie sich verpflichtet, macht sie einen Termin mit dem Vorsitzenden des Rates aus. Sie möchte genau wissen, was dieses Engagement mit sich bringt und ob es sich mit ihren anderen Tätigkeiten vereinbaren lässt. Außerdem möchte sie vorher mit ihrem Mann und mit ihren Kindern sprechen.

Nicolas ist ein leidenschaftlicher junger Lehrer. Unerwartet bietet ihm ein großzügiger Sponsor die Möglichkeit, für seine

Schüler ein Wochenende im Ausland zu organisieren. Nicolas ist überglücklich. Er hat das Gefühl, dass er sich diese einmalige Gelegenheit nicht entgehen lassen darf. Ohne zu zögern, sagt er zu und beginnt mit der Organisation der Reise. Als alles fast fertig ist, informiert er seinen Schulleiter. Dieser macht Nicolas sofort klar, dass er einen großen Fehler begangen hat. Jetzt hat der Schulleiter ein Problem, sagt Nicolas, immer noch überschwänglich. Nein, sagt sein Chef, du bist es, der ein Problem hat: Diese Reise wird nicht stattfinden.

Unterscheidung ist keine Form der Magie. Das Herz kann nicht aus dem Nichts eine Antwort auf oft komplexe Fragen hervorzaubern. Je mehr wir die Fakten abgewogen haben, desto zuverlässiger wird die Stimme des Herzens sein, weil sie besser informiert ist.

Lernen, auf das zu hören, was im Herzen vor sich geht

Unterscheiden bedeutet, in einem Herzen, das vom Verstand bereits gut informiert wurde, nach Antworten zu suchen. Aber wie macht man das? Wie kann man sein Herz lesen? Viele Menschen haben den Eindruck, dass in ihrem Gefühlsleben tagein, tagaus nicht viel passiert. Auf sein Herz zu hören, kann man lernen. Übung bringt Ergebnisse.

Der Blick zurück. Man kann nur hören, wenn genügend Stille herrscht und wenn man sich die Zeit nimmt zuzuhören. Unterscheidung erfordert geistige Disziplin. Ignatius von Loyola rät uns insbesondere, den vergangenen Tag regelmäßig Revue passieren zu lassen. Rückblick bedeutet, auf die Dinge zu achten, die positive Gefühle wie Freude, Frieden, Vertrauen usw. ausgelöst haben, oder umgekehrt auf die Dinge, die uns traurig, aufgeregt, verärgert usw. gemacht haben. Je öfter wir dies tun, desto mehr können wir kleine Veränderungen in unseren Gefühlen erkennen: einen Funken Hoffnung oder einen kurzen Moment der Traurigkeit. Die subtilen Bewegungen sind oft wichtiger als die spektakulären. Letztere treten nur sehr selten auf, während die kleinen Verschiebungen ständig vorkommen. Deshalb haben diese kaum wahrnehmbaren Gefühle, auch wenn sie unwichtig erscheinen, in ihrer Gesamtheit viel Bedeutung und Sinn.

Fred interessiert sich vor allem dafür, was in seiner Freizeit passiert. Denn das ist die Zeit, in der ein Mensch wirklich lebt. Mit Freunden ausgehen, zu einem Spiel oder einem Konzert gehen, eine neue Stadt besuchen usw., das ist das wahre Leben. Laut Fred passiert an Wochentagen fast nichts, worüber es sich zu reden lohnt. Mit anderen Worten, ein großer Teil seines Lebens scheint Zeitverschwendung zu sein.

Gefühle statt Fakten. Wenn Sie Ihren Tag Revue passieren lassen, sollten Sie sich auf Ihre Gefühle konzentrieren und nicht nur auf die Fakten. Wenn Sie nämlich zuerst nach den Dingen suchen, die Sie glücklich oder traurig gemacht haben, ist die Wahrscheinlichkeit groß, dass Sie in einem Reservoir von Erfahrungen fischen, die Sie bereits kennen und von denen Sie wissen, dass sie Sie glücklich oder traurig gemacht haben. Das ist an sich kein Problem. Aber es ist auch wichtig, sich von Gefühlen überraschen zu lassen. Sie können auf Dinge, Ereignisse oder Erfahrungen aufmerksam machen, die Ihnen vorher nicht bewusst waren.

Madeleine lebt in einer großen Stadt. Sie ist immer beschäftigt. Im Auto, beim Einkaufen oder auf der Toilette hört sie immer wieder interessante Podcasts. Das ist ihre Art, keine Zeit zu verschwenden und auf dem Laufenden zu bleiben. Eines Sonntagmorgens fällt ihr Smartphone beim Duschen ins Wasser und scheint kaputt zu sein. Madeleine ist gezwungen, den ganzen Tag ohne ihre Podcasts zu verbringen. Es ist lange her, dass sie einen so ruhigen und erholsamen Sonntag hatte. Wie schön ist es doch, wenn man seine Ruhe hat! Vielleicht wäre es eine gute Idee, von nun an sonntags keine Podcasts mehr zu hören.

2. Die eigentliche Unterscheidung

Wir gehen nun davon aus, dass Sie eine gewisse Fähigkeit haben, auf das zu hören, was in Ihrem Herzen vorgeht, und dass Sie die Frage oder das Thema vorbereitet haben, über das Sie eine Unterscheidung treffen wollen. Nun kann die eigentliche Unterscheidung beginnen. Die folgenden vier Schlüsselpunkte können dafür helfen.

Loslassen: die Herausforderung der inneren Verfügbarkeit

Die meisten Menschen glauben aufrichtig, dass das, was sie in ihrem Herzen fühlen, wichtig ist. Sie wollen auf ihr Herz hören. In der Praxis sieht es jedoch oft anders aus. Gute Absichten sind nicht genug. Oft ist es ein Mangel an Freiheit oder eine gewisse Angst, die die Menschen unfähig macht, wirklich zu hören.

Die Köpfe sind schon festgelegt. Menschen treffen sich oft mit dem Ziel, gemeinsam eine Entscheidung zu treffen. Manchmal hat man jedoch das Gefühl, dass die Entscheidung bereits gefallen ist. Es gibt keinen wirklichen Raum für Unterscheidungen, selbst wenn man es möchte. Stellen Sie sich einen Moment lang vor, das Ergebnis einer solchen Unterscheidung würde sich von der üblichen Vorgehensweise oder von den Wünschen Ihres Chefs unterscheiden. Oder Sie möchten wissen, was Ihnen Ihr Herz sagt, wenn Sie eine neue Richtung in Ihrem Berufsleben einschlagen wollen. Wenn Sie Christ sind, möchten Sie vermutlich erkennen, was Gott für Sie will. Gleichzeitig haben Sie vielleicht das Bedürfnis, Gott zuerst zu sagen, was Ihnen wichtig ist. Auf diese Weise können Sie vermeiden, dass Gott Sie bittet, etwas zu tun, was Ihrem eigenen Plan zuwiderläuft.

Mit anderen Worten: Wir können bereit sein, zu unterscheiden und auf unser Herz zu hören, solange die Unterscheidung uns in die Richtung führt, die wir selbst im Voraus festgelegt haben. Das Ergebnis der Unterscheidung ist eine ausgemachte Sache.

Josephine hat ihr eigenes Softwareunternehmen gegründet. Sie hat jetzt ein solides Team von hervorragenden Mitarbeitern. Jeden Montagmorgen findet eine Teambesprechung statt. Jeder darf Vorschläge machen und Brainstorming betreiben. Josephine ermutigt ihr Team ständig, auf Intuition zu vertrauen. Konkret bedeutet dies in der Regel, dass die Initiativen von Josephine schnell von allen gebilligt werden. Josephine ist stolz auf die Qualität dieser gemeinsamen Überlegungen. Sie versteht nicht, warum sie Signale auffängt, dass sich ihre Mitarbeiter bevormundet fühlen. Hinzu kommt, dass die Begeisterung des Teams für die jüngsten Projekte, obwohl von allen gebilligt, nicht sehr groß ist.

Nicht zu wissen wagen. Genau hier liegt das Problem. Die Unterscheidung verlangt von Ihnen, loszulassen und die Tatsache zu akzeptieren, dass Sie nicht im Voraus wissen, wohin die Unterscheidung führen wird. Unterscheidung setzt voraus, dass Sie es wagen, sich von etwas überraschen zu lassen, das Sie nicht kommen sehen. Sie verlangt, dass Sie mit Offenheit und ohne Vorurteile auf Ihr Herz hören und erst nach und nach die Richtung entdecken, in die es Sie führt.

Es bedeutet, dass Sie es sogar wagen, auf den natürlichen Drang zu verzichten, alles zu kontrollieren und selbst in die Hand zu nehmen. Die Unterscheidung erfordert also eine Grundhaltung des inneren Vertrauens und der Offenheit, nicht des Misstrauens und des Argwohns. Für den Christen bedeutet dies, auf die Güte und Liebe Gottes zu vertrauen – eine Güte und Liebe, die wir spüren können und die uns den Weg zeigt. Das gilt auch dann, wenn das Ergebnis anders ausfällt, als man es sich vorgestellt oder erhofft hat. Wer auf den Geist Gottes hören will, muss akzeptieren, dass er die Richtung, in die der Geist weht, nicht im Voraus kennt.

Ein Chor macht eine schwierige Zeit durch. Bei einem Treffen werden die Probleme diskutiert. Es werden verschiedene Lösungen vorgeschlagen, manche mit viel Druck dahinter. Die Atmosphäre wird schnell angespannt. Die Sängerinnen und Sänger beschließen, einen anderen Weg einzuschlagen. Jedes Mitglied lässt die vergangenen Jahre Revue passieren, um besser zu verstehen, was Freude und Zufriedenheit gebracht hat und was im Gegensatz dazu schwierig oder unangenehm war. Bei der nächsten Zusammenkunft hören sie sich ihre Überlegungen an. Zur großen Überraschung der Chorleiter ergibt sich eine völlig neue und andere Diagnose.

Weiße Kaninchen. Völlige innere Freiheit und Verfügbarkeit sind nicht von dieser Welt. Es gehört zu unserem menschlichen Wesen, dass wir an allem und jedem hängen: an anderen Menschen, an Gegenständen, an Gewohnheiten, an Ideen ... An sich ist das normal und gut. Anhaftungen können uns jedoch unfrei machen. Sie können es schwierig machen, das zu tun, was das Herz tun möchte. Manchmal sind es unschuldige kleine Dinge. Wie ein Junge, der zu seinem Freund sagt: Hier ist meine Spielzeugkiste. Da ich dich so sehr mag, kannst du dir aussuchen, was du willst. Sie ist für dich. Nur mein weißes Kaninchen darfst du nicht mitnehmen. Das ist für mich. Unsere Anhänglichkeiten können auch weniger harmlos sein.

Arthur und Myriam wollen ein neues Auto kaufen. Gemeinsam überlegen sie, was die Familie braucht und welches Modell für sie am besten wäre. Sie können sich nicht entscheiden. Es gibt ein Kriterium, das Arthur sich nicht so recht zu sagen traut, das ihm aber wichtig ist: Das neue Auto muss größer sein als das der Nachbarn.

Jeder hat in seinem Garten eine Sammlung von weißen Kaninchen, kleine und manchmal auch größere. Es ist gut, wenn man sich das eingestehen kann. Sich dieser Realität bewusst zu werden und sie, wenn möglich, als etwas anzusehen, das man angehen kann, ist ein großer Schritt nach vorn. Bei einigen Unfreiheiten wird man lernen müssen, mit ihnen zu leben. Andere können mit der Zeit verschwinden. Freilich können auch neue Unfreiheiten auftauchen.

Kurz gesagt: Innere Freiheit und Verfügbarkeit sind nie vollständig. Sie werden auch nie vollständig erreicht. Man muss immer aufmerksam sein und dafür sorgen, dass sie so groß wie möglich werden. Sie ermöglichen es Ihnen, besser zu hören, was in Ihrem Herzen vor sich geht, und somit besser zu unterscheiden. Wenn Sie den weißen Kaninchen freien Lauf lassen, werden Sie zum Spielball von Dynamiken, die Sie eigentlich nicht wollen und die Sie in Ihrer Unfreiheit gefangen zu halten drohen.

Der Mensch, der seinen wahren Platz im Leben gefunden hat und das tut, was er tun soll, wird immer auf die eine oder andere Weise Freude erleben. Christen glauben, dass der Mensch dazu geschaffen ist, in Freude zu leben. Eine der Herausforderungen der Unterscheidung besteht darin, mit dieser inneren Freude in Kontakt zu bleiben, auch wenn es weniger angenehme Gefühle im Außen oder an der Oberfläche gibt. Die Erfahrung zeigt nämlich, dass dies oft möglich ist.

Negative Gefühle anziehen. Negative Gefühle wie Angst, Wut, Traurigkeit oder Hass sind weiter verbreitet, als uns lieb ist. Sie üben eine besonders starke Anziehungskraft aus. Oft ohne dass wir es wollen, erregen diese negativen Gefühle unsere Aufmerksamkeit, wenn wir uns an die Vergangenheit oder an ein bestimmtes Erlebnis erinnern. An sich ist das weder seltsam noch problematisch. Wir wollen die unangenehmen Erfahrungen, mit denen sie verbunden sind, in Zukunft vermeiden.

Oft meinen wir, dass die positiven Aspekte einer Erfahrung nicht erwähnenswert seien. Das sei unnötig und Zeitverschwendung – jeder kennt diese Dinge bereits. Was gut läuft, ist unscheinbar, und man muss ihm keine Aufmerksamkeit schenken; das führt allerdings zu einem unausgewogenen und verzerrten Bild der Realität.

Julian wertet mit seinem Betreuerteam das letzte Sommerlager der Jugendgruppe aus. Wie immer ist die Zeit zu knapp. Julian beschließt zunächst, sich um die Spannungen zwischen den Betreuern zu Beginn des Lagers zu kümmern. Als Nächstes wird ein wütender Brief eines Elternteils bespro-

chen. Schließlich werden Vorkehrungen getroffen, um zu vermeiden, dass beim nächsten Mal wieder eine Strafe gezahlt werden muss, weil der Platz am Ende des Camps nicht gereinigt wurde. Am Ende der Sitzung ist das Team völlig entmutigt. Sie hatten gute Erinnerungen an das Sommercamp. Jetzt haben sie das Gefühl, dass sie zu nichts zu gebrauchen sind.

Zuerst der Freude Aufmerksamkeit schenken. Ignatius von Loyola empfiehlt hier geistliche Disziplin. Er bittet darum, den Verlockungen des Negativen nicht nachzugeben. Wenn Sie auf das hören, was in Ihrem Herzen vor sich geht, ist es besser, zuerst auf die Freude zu achten. Gefühle wie Freude, Vertrauen, Frieden, Offenheit, auch wenn sie noch so bescheiden oder diskret sind, sagen in der Regel etwas darüber aus, wo das Leben – und damit Gott – uns erwartet. Deshalb verdienen sie in unserem Rückblick Vorrang. Es ist viel wichtiger zu wissen, wo man blüht, als wo man verwelkt. Es ist wichtiger zu wissen, wo Gott ist, als wo er nicht ist. Es ist wichtiger zu wissen, wann man auf festem Boden steht und etwas Festes hat, auf das man bauen kann.

Margot, alleinerziehende Mutter, sitzt mit ihrer Freundin Karen beim Kaffee. Das Gespräch dreht sich sofort um die Kinder. Margot spricht darüber, wie schwierig es für sie ist, ihre Söhne in Abwesenheit des Vaters zu erziehen: all die Entscheidungen, die sie allein treffen muss, was Erziehung, Schule und Reparaturen am Haus angeht … Karen merkt, dass die Atmosphäre belastend wird. Sie beschließt, den Monolog ihrer Freundin zu unterbrechen und ihr Fragen dazu zu stellen, was in ihrem Leben gut ist. Margot hellt sich auf und erzählt begeistert, wie ihre Kinder wachsen und gedeihen. Als sie sich verabschieden, ist Margot erstaunt über die tiefe Dankbarkeit für ihre Kinder, die sie während des Gesprächs empfunden hat. Sie ist wieder ganz bei der Sache.

Mehr Licht führt zu weniger Schatten. Das wachsende Bewusstsein für Frieden, Offenheit, Dankbarkeit, Hoffnung und andere positive Gefühle hat eine besondere Wirkung. Es ermöglicht Ihnen, sich den dunklen Seiten Ihres Lebens leichter und auf einer tieferen Ebene zu stellen. Denn je mehr Sie erkennen, dass das Licht, Gott selbst, tatsächlich in Ihrem Leben gegenwärtig ist, desto weniger werden Sie die Schattenseiten Ihrer Erfahrungen unter die Lupe nehmen wollen. In Ihrem Innersten spüren und erkennen Sie, dass das Leben wirklich gegenwärtig und dass es stärker ist. Die bewusste Entscheidung, zuerst die Gegenwart Gottes zu suchen, hat den paradoxen Effekt, dass Sie sich seiner Abwesenheit bewusster werden. Wenn wir uns der Dunkelheit in unserem Leben bewusster werden, können wir diese Orte des Todes allmählich wieder zum Leben erwecken und sie dem Licht wieder öffnen. Auf diese Weise wird unsere Entscheidung, zuerst die Freude wahrzunehmen, eine Dynamik auslösen, die zu noch mehr Freude führt.

Florian ist süchtig nach Pornos. Es fällt ihm schwer, das zuzugeben. Darunter leidet die Beziehung zu seiner Frau und seinen Kindern. Er hat große Schuldgefühle und schämt sich furchtbar. In einer emotionalen Krise vertraut er Peter, seinem besten Freund, sein Geheimnis in verschleierter Form an. Peter reagiert einfühlsam. Er ermutigt Florian, Mitglied in seinem Sportverein und später auch in einem Chor zu werden. Bei ihren regelmäßigen Spaziergängen kommt die Sucht manchmal zur Sprache. Aber Peter fragt Florian immer nach seiner Frau, seinen Kindern und seiner Arbeit. Florian bekommt wieder Lust am Leben. Sein Selbstwertgefühl wird gestärkt. Nach einiger Zeit vertraut er seinem Freund zögernd an, dass er Mitglied in einer Selbsthilfegruppe für Menschen mit Pornosucht geworden ist. Außerdem hat er zum ersten Mal seit vielen Jahren seine Frau zu einem romantischen Abendessen eingeladen.

Ignatius' Vorliebe für positive Gefühle bedeutet nicht, dass er möchte, dass wir negative Gefühle unter den Teppich kehren und sie ignorieren. Er bittet uns zu untersuchen, woher sie kommen. Sie können uns etwas darüber lehren, was wir vermeiden oder anders machen sollten. Bei diesen negativen Emotionen besteht eine doppelte Gefahr: Entweder man schenkt ihnen zu wenig Aufmerksamkeit oder umgekehrt, man schenkt ihnen zu viel Aufmerksamkeit.

Das Tabu gegen schlechte Gefühle. In unserer Wellness-Kultur gibt es wenig Raum für negative Gefühle. Sich selbst nicht gut zu fühlen, ist tabu. Sie müssen sich immer richtig wohl fühlen und dürfen sich nicht auf die negativen Seiten Ihrer Erfahrungen konzentrieren. Das ist nicht gut.

Barbara hat eine schwierige Zeit hinter sich. Sie hat sich jetzt entschieden, das Leben zu genießen. Sie grübelt nicht mehr. Aber wenn sie abends von der Arbeit nach Hause kommt, hat sie immer noch schmerzhafte Erinnerungen. Sie machen sie lethargisch. Barbara nimmt sofort einen Aperitif, manchmal auch zwei oder drei. Oft verbringt sie Stunden mit dem Surfen auf YouTube oder mit Videospielen, manchmal bis in die frühen Morgenstunden. Auf diese Weise gelingt es Barbara, ihre Probleme zu vergessen. Sie empfindet es jedoch als störend, dass ihre Lethargie immer wieder auftaucht.

Die Verdrängung unangenehmer Gefühle ist in der Tat eine moralisierende Haltung, die der komplexen Realität des Menschseins nicht gerecht wird. Negative Gefühle gibt es durchaus. Traurigkeit und Apathie sind eine Realität, ebenso wie Hass und Neid. Im Allgemeinen mögen wir sie nicht. Aber an sich sind sie weder gut noch schlecht. Sie sind einfach da. Oft haben sie eine Ursache. Die Frage nach richtig oder falsch stellt sich erst, wenn man zulässt, dass das Verhalten von diesen negativen Gefühlen beeinflusst wird.

James träumt schon seit einiger Zeit davon, seinen Vater zu hassen. Als er darüber nachdenkt, stellt er fest, dass er alle möglichen negativen Gefühle gegenüber seinem alternden Vater hat. James ist verärgert. Er will das nicht. Aber er kann nicht leugnen, dass sie da sind. James versucht, sich von dieser Negativität nicht zu sehr beeinflussen zu lassen. Gleichzeitig versucht er, besser zu verstehen, woher diese Gefühle kommen und warum sie jetzt auftauchen.

Die süchtig machende Wirkung negativer Gefühle. Der andere Fallstrick negativer Gefühle ist genau das Gegenteil: Wir neigen dazu, bei unseren negativen Gefühlen zu verweilen oder, schlimmer noch, in ihnen zu versinken und ihnen nachzugeben.

Suzanne ist unglücklich. Ihr Mann ist vor ein paar Jahren gestorben. »Es ist doch normal, dass ich traurig bin, oder? Wie kann ich jemals wieder glücklich sein? Ich gehe nicht mehr viel aus. Schöne Dinge haben für mich keinen Wert mehr. Es wäre falsch, da mein Mann verstorben ist!«

Michael hat das Gefühl, dass ihm großes Unrecht angetan wurde. Der Richter hat in einem Streit mit seinem Arbeitgeber gegen ihn entschieden. Er ist wütend, sehr wütend. Jeden Tag spult er in seinem Kopf den Film der Ereignisse ab. Je mehr Zeit vergeht, desto wütender fühlt er sich. Zu Recht. Er empfindet die Wut als seine heilige Pflicht.

Ehe Sie sich versehen, können Traurigkeit oder Wut den Mittelpunkt Ihres Lebens einnehmen. Das hilft niemandem und schon gar nicht Ihnen. Sie drohen, Sie vom Leben und von Gott abzuschneiden. Daher der Rat von Ignatius: Arbeiten Sie daran zu verstehen, was passiert. Versuchen Sie herauszufinden, woher die

Negativität kommt und was Sie dagegen tun können. Dann, wenn Sie ein klareres Bild haben, versuchen Sie, diese negativen Gefühle loszulassen und sich wieder mit der Freude zu verbinden.

Begehren, um zu begehren. Diese Freude ist so wichtig, dass Ignatius uns nicht nur ermutigt, sie aktiv zu suchen, sondern auch gezielt im Gebet um sie zu bitten. Wir haben gerade gesehen, warum dieses Beharren notwendig sein könnte. Die negativen Gefühle können so übermächtig erscheinen, dass sogar unser Verlangen nach Freude verschüttet zu sein scheint. Ignatius, ein großer Kenner der menschlichen Seele und der Psychologie, gibt hier eine sehr subtile Anregung. Vielleicht verspüren Sie kein großes Verlangen nach Freude. Dennoch kann es sein, dass Sie den Wunsch haben, sie zu wünschen. Wenn dies der Fall ist, drücken Sie dieses Verlangen aus, wie schwach es auch sein mag. Der Wunsch zu wünschen ist auch ein Wunsch. Gott kann in die menschliche Seele nur durch eine offene Tür eintreten; diese braucht nur einen Spalt breit geöffnet sein. Das ist alles, was Sie tun können. Wenn es möglich ist, bitten Sie eindringlich um diese Freude. Der Einsatz ist hoch genug.

Sarah wurde von ihrem Mann Robert verlassen. Ihre Welt ist zusammengebrochen. Sie ist sehr unglücklich. Sarah kann und will sich ein Leben ohne Robert nicht vorstellen. Sie spricht oft mit ihrer Mutter Murielle darüber. Murielle merkt, wie verzweifelt ihre Tochter ist. Sie erkennt ihren Schmerz und ihr Leid an. Nach einer Weile sagt Murielle vorsichtig, dass sie glaubt, Sarah habe noch eine Zukunft. Sarah kann sich das, ehrlich gesagt, nicht vorstellen. Doch die Aussage ihrer Mutter tut ihr gut. Ihre Zukunft sieht sie immer noch düster, aber diese Worte wecken in Sarah eine Hoffnung und Sehnsucht, die sie noch nicht ganz zu fassen vermag, die ihr aber dennoch Frieden geben. In den nächsten Monaten wird Murielle regelmäßig ähnliche Dinge sagen. Jedes Mal sind ihre Worte ein heilender Balsam für Sarahs verwundetes Herz.

Das letzte Ziel. Die Aufmerksamkeit für positive Gefühle ist bei der Unterscheidung von größter Bedeutung. Die Unterscheidung will die Sensibilität für diese Spuren des Lebens ständig erweitern, wie versteckt und diskret sie auch sein mögen. Diese Suche nach angenehmen Gefühlen ist jedoch kein Selbstzweck. Es geht nicht in erster Linie darum, immer mehr Freude im Leben zu erleben. Vielmehr weisen diese positiven Gefühle, in welcher Form auch immer, den Weg zu einem authentischeren Leben. Wenn es das ist, wonach wir suchen, wird die Freude als Bonus gegeben werden.

Ein fortlaufender Prozess

Man kann sein Leben lang unterscheiden. Das gilt für die großen Entscheidungen ebenso wie für die kleinen Dinge des Alltags. Unterscheidung ist eine Lebensweise. Man hört nie auf zu unterscheiden. Die Kunst des Unterscheidens und die Qualität der Aufmerksamkeit können immer mehr verfeinert werden. Kaum wahrnehmbare Erfahrungen von Freude werden zu Quellen von Dankbarkeit und Energie. Kleine Fehler und Versäumnisse, die zuvor unbemerkt blieben, werden stärker wahrgenommen. Auf diese Weise wird man in jeder Lebensphase in der Liebe wachsen und mehr Vertrauen in alles haben, was Gott anbietet, wo und wann immer er es anbietet. Erhöhte Wachsamkeit bedeutet, dass man nicht mehr so leicht wie früher in manchmal sehr subtile Fallen tappt. Diese

Art von Wachstum erfordert eine regelmäßige Reflexion über die täglichen Erfahrungen.

Andrew ging den schwierigen Schritt in ein Altersheim. Seine Unabhängigkeit schwindet zusehends. Dennoch empfindet er Frieden und sogar Freude an seinen neuen Lebensumständen. Zu seinem Sohn sagt er: »Ich konnte mein ganzes Leben lang wachsen, und ich wachse weiter. Jetzt auch beim Loslassen.«

Keine Garantie für ununterbrochenen Frieden. Dies erklärt, warum die Unterscheidung in unserem Leben keine Garantie für ununterbrochenen Frieden ist. Wer sich von der Fülle des Lebens Jesu inspirieren lassen will, wird in seinem Leben immer wieder auf alle möglichen Probleme stoßen. Menschen, selbst gute Menschen, haben die unglückliche Tendenz, sich an Dinge zu hängen, die nicht wirklich wichtig sind, und sie können Praktiken übernehmen, auf die sie nicht stolz sind.

In dem Maße, in dem die Unterscheidung uns feiner macht, werden wir unweigerlich mit diesen Unvollkommenheiten konfrontiert und wollen sie beseitigen. Vielleicht entdecken wir, dass wir mehr an unserem Image hängen, als uns lieb ist, dass wir uns ständig mit anderen vergleichen, dass wir uns regelmäßig kleine Lügen erlauben, dass wir unseren Kindern oder Kollegen gegenüber sehr anspruchsvoll sind, aber uns selbst gegenüber eher nachlässig.

Die Bewältigung all dieser Probleme geht in der Regel mit einer großen Portion Widerstand einher. Das Loslassen von Gewohnheiten und Anhaftungen, die uns unfrei machen, kann buchstäblich herzzerreißend sein. Es tut weh. Zugleich öffnet es den Weg zu mehr Authentizität im Leben.

Nach einer langen Suche wurde Gabriel Christ. Das war ein großer Wendepunkt in seinem Leben. Seine Freunde sind beeindruckt von der Freude, die Gabriel ausstrahlt. Er kann dem nur zustimmen. Gleichzeitig stellt Gabriel fest, dass sein Leben nicht einfacher geworden ist. Irgendwie fühlt er sich heute verletzlicher als früher. Wenn Gabriel früher mit jemandem in Konflikt geriet, nahm er stets eine Haltung der Unnachgiebigkeit und Härte ein. Seit einiger Zeit liegen ihm solche Konflikte, oft tagelang, auf dem Gewissen. Manchmal bringen sie ihn dazu, sein Handeln zu hinterfragen. Manchmal ist Gabriel erstaunt, dass er jetzt in der Lage ist, Kompromisse zu finden. All dies geht mit mehr inneren Kämpfen einher, als ihm lieb ist, auch wenn sie nach außen hin nicht sichtbar sind. Auch wenn es manchmal schwer ist, sieht Gabriel klar, dass sich seine Lebensqualität verbessert hat.

Wachsende Schmerzen. Umgekehrt ist das Fehlen solcher Wachstumsschmerzen nicht unbedingt ein gutes Zeichen. Wenn Sie mit sich selbst und Ihrer Lebensweise zu gut zurechtkommen, wenn Sie nie auf Widerstand stoßen, kann es sein, dass Sie eingeschlafen sind. Vielleicht ist Ihre Messlatte zu niedrig angesetzt. Ohne es zu merken, sind Sie vielleicht in die Mittelmäßigkeit gerutscht. Für manche ist das eine Entscheidung. Aber das Leben hat mit Sicherheit mehr zu bieten. Sie können und sollten sich im Laufe des Lebens weiterentwickeln und dies auch genießen. Die alltäglichen Kämpfe sind der Preis, den wir für dieses Wachstum zahlen. Für den Menschen, der das Leben in vollen Zügen genießen will, ist der innere Kampf die Regel, nicht die Ausnahme. Die Früchte werden nicht lange auf sich warten lassen.

Unterscheidung ist etwas sehr Persönliches. Niemand kann sie Ihnen abnehmen, denn niemand sonst hat Zugang zu den tiefsten Regungen Ihres Herzens. Dennoch kann es von Vorteil sein, wenn Sie während Ihrer Unterscheidung von Zeit zu Zeit einen Begleiter oder eine Vertrauensperson kontaktieren, vorzugsweise eine erfahrene Person, die respektvoll zuhört und gelegentlich eine Frage stellt oder einen Vorschlag macht. Es ist ein Segen, wenn Sie über Ihren Weg vertrauensvoll mit jemandem sprechen, der zuzuhören weiß.

Ein Freund oder eine Freundin kann diese Rolle ebenfalls übernehmen, aber das setzt voraus, dass die Freundschaft nicht verhindert, eine ausreichende Distanz zu wahren. Nur so kann man wirklich zuhören und, wenn nötig, die richtige Frage stellen oder etwas Herausforderndes sagen.

Lernen, uns auszudrücken. Allein die Möglichkeit, das, was in Ihnen vorgeht, in Worte zu fassen, kann Ihnen helfen, eine klarere Vorstellung davon zu bekommen, was in Ihrer Seele vor sich geht. Dinge in Worte zu fassen, hilft uns, besser uns selbst zu verstehen. Etwas, von dem wir wissen, dass es da ist, kann vage und schwer fassbar bleiben, bis es in Worte gefasst wird. Auch das Schreiben kann eine wertvolle Hilfe sein. Für viele Menschen ist es Neuland, sich ihrer Gefühle bewusst zu werden, sie zu benennen und zu entscheiden, wie sie auf sie reagieren wollen.

Elise ist Kickboxerin, genau wie ihre beiden älteren Brüder. Kürzlich besuchte sie mit einigem Widerwillen die Ballettaufführung ihrer besten Freundin. Elise war völlig hin und weg. Sie kann nicht genau sagen, was in ihr vorging. In ihrer

Familie spricht man nicht über Gefühle. Aber es hat sie wirklich tief berührt. Wenn sie jetzt an der Ballettschule vorbeigeht, fühlt sie sich immer unruhig. Elise weiß nicht mehr, was sie tun soll. Vielleicht muss sie ihren Weg ändern?

Es ist nicht notwendig und manchmal auch nicht wünschenswert, zu sehr ins Detail der Fakten zu gehen. Es ist besser, sich auf die Wirkung zu konzentrieren, die die Fakten auf die Regungen Ihres Herzens haben. Welche Gefühle lösen sie aus und wie entwickeln sie sich? Auf diese Weise wird es möglich, sehr persönliche und sogar intime Angelegenheiten auf eine sichere und nicht aufdringliche Weise zu erkennen.

Ruben ist seit mehreren Jahren mit Helen verheiratet. Auf einer Betriebsfeier hat er einen One-Night-Stand mit einer Kollegin. Er wollte es nicht. Und doch ist es passiert. Ruben ist am Boden zerstört. Von Zeit zu Zeit geht er mit seinem alten Onkel spazieren, dem er sehr vertraut. Ruben beschließt, über den Vorfall zu sprechen. Zu Beginn des Gesprächs ist Ruben sehr angespannt. Diese Anspannung löst sich jedoch, als er merkt, dass sein Onkel gar nicht an den pikanten Details interessiert ist. Der Onkel möchte wissen, wie Ruben dieses Ereignis innerlich verarbeitet und wie er nun am besten mit Helen weitermachen kann.

Blinde Flecken. Eine solche diskrete Begleitung ist besonders wertvoll, wenn Sie vor wichtigen Entscheidungen stehen oder eine schwierige Phase durchlaufen. Ein Begleiter kann verhindern, dass Sie vom Weg abkommen. Er kann auch auf blinde Flecken in Ihrem Urteilsvermögen aufmerksam machen.

Lewis macht eine schwierige Zeit mit seinem jüngsten Sohn, einem Teenager, durch. Lewis hat das Gefühl, dass er als Vater versagt. Er ist völlig entmutigt. Ein Gespräch mit einem anderen Vater, zu dem er ein vertrauensvolles Verhältnis hat, zeigt Lewis, dass er die positiven Erfahrungen, die er mit sei-

nen anderen Kindern gemacht hat, völlig aus den Augen verloren hat. Auch mit ihnen hat er schwierige Phasen durchgemacht. Am anderen Ende kamen sie freilich voran. Diese Perspektive gibt Lewis neuen Mut und Zuversicht. Offenbar verfügt er über mehr Erfahrung und Know-how, als er sich vorgestellt hat.

Die Erfahrung der anderen. Ein Begleiter kann Ihnen auch helfen, Ihre Entscheidungsfindung anhand der Erfahrungen der Gemeinschaft zu überprüfen. Vor Ihnen haben schon viele Generationen versucht, ähnliche Fragen zu klären. Es ist nicht nötig, das Rad jedes Mal neu zu erfinden.

Die Beziehung von Dominic kriselt. Es tut ihm gut zu hören, dass dies nichts Ungewöhnliches ist und es den meisten Paaren so geht. Die Erfahrungen anderer zeigen, dass es sich lohnt durchzuhalten und dass man durch Krisen durchaus wachsen kann.

Fallstricke aufdecken. Das Gespräch mit dem Begleiter kann insbesondere dazu beitragen, Fallen oder Probleme aufzudecken, die wir in unseren Köpfen zu sehr aufgebläht haben. Typischerweise haben negative Gedanken die Tendenz, größer, bedrohlicher und gefährlicher zu werden, vor allem wenn man sie für sich behält. Sie drehen sich im Kopf im Kreis, und das Problem erscheint umso dramatischer. Die erdrückende Geheimhaltung aufzubrechen, reicht manchmal schon aus, um die ständig wachsende Angst zu beruhigen. Manchmal bricht sie wie ein Kartenhaus in sich zusammen.

Jeanne lebt seit vielen Jahren in einer liebevollen Beziehung mit ihrem Partner. Sie haben viel gemeinsam durchgemacht. Plötzlich merkt Jeanne, dass sie sich in ihren Nachbarn verliebt hat. Niemand weiß es, auch nicht der Nachbar. Nachts kann sie nicht mehr schlafen, und den ganzen Tag wird sie von den verrücktesten Gedanken heimgesucht. Ihre ganze Welt scheint zusammenzubrechen. Jeanne findet den Mut, einer Freundin zu erzählen, was mit ihr geschieht. Während sie spricht, spürt sie, wie der Druck nachlässt. In Wirklichkeit ist es vielleicht gar nicht so dramatisch. Jeder kann sich verlieben. Das gehört zum Menschsein dazu. Es hat sogar etwas Lustiges. Natürlich muss sie mit dieser Anziehungskraft behutsam umgehen. Gemeinsam mit ihrer Freundin erkunden sie verschiedene Möglichkeiten, mit der Situation umzugehen. Als Jeanne nach Hause kommt, hat sie ihr Selbstvertrauen zurückgewonnen. Sie kann sich kaum vorstellen, dass sie noch eine Stunde zuvor in diesem Zustand war.

3. Bestätigung der Unterscheidung

Am Ende einer Unterscheidung stellt sich die Frage nach einer Bestätigung. Der Kompass der Freude, des Friedens, des Vertrauens und der Begeisterung zeigt nun in eine klare Richtung. Die Entscheidung ist gefallen. Die Frage ist nun, ob sich diese Entscheidung in den folgenden Tagen und Wochen bestätigen wird, sowohl in uns selbst als auch in der Welt um uns herum. Mit anderen Worten: Ist das Ergebnis der Entscheidung das richtige?

Innere Bestätigung. Die innere Bestätigung einer Unterscheidung bedeutet in der Regel, dass man Gefühle wie Frieden, Vertrauen, Begeisterung, Freude erlebt. Allerdings ist diese Bestätigung oft nicht unmittelbar. Das gilt besonders dann, wenn es bei der Unterscheidung um eine Entscheidung geht. Eine Entscheidung ermöglicht uns, vorwärtszugehen. Sie bedeutet auch, dass von nun an bestimmte Wege versperrt sind, manchmal für immer, weil man sich entschieden hat, auf bestimmte Optionen zu verzichten.

Wenn man sich dessen in der Zeit nach der Entscheidung immer stärker bewusst wird, kann das im Herzen nagen. Wählen heißt aufgeben. Es ist daher nicht ungewöhnlich, dass Sie in der Zeit nach einer solchen Entscheidung durch Höhen und Tiefen gehen. Es gibt nicht nur positive Gefühle, sondern auch Zweifel, Unruhe, Ängste und andere negative Gefühle. Die Entscheidung wird auf die Probe gestellt. Es ist gut und notwendig, dies durchzumachen.

Innere Bestätigung bedeutet, dass diese negativen Gefühle allmählich abklingen. Hilfreich ist, ihnen ihren Platz einzuräumen und zu erkennen, dass Begeisterung, Frieden und Vertrauen in die Richtigkeit der Entscheidung stark genug sind, um den Schmerz der Trauer zu bewältigen. Sie spüren, dass Sie das Zeug dazu haben, mit Ihrer Entscheidung voranzukommen.

Seit seiner Kindheit hat Simon zwei Leidenschaften: Klavier und Chinesisch. Jetzt, wo er 17 ist, stellt sich die Frage nach seiner Studienwahl. Simon würde gerne beides kombinieren, aber er merkt, dass das nicht möglich ist. Nach einer schwierigen Entscheidungsfindung entscheidet sich Simon für Chinesisch. Während des Unterrichts und zu Hause spürt er einen Enthusiasmus, der das Studium, auch wenn es anspruchsvoll ist, fast wie von selbst geschehen lässt. Aber er braucht nur ein Klavier zu sehen oder Musik zu hören, und sein Herz beginnt zu bluten. Manchmal fragt sich Simon, ob er seine wahre Leidenschaft verraten hat. Nach ein paar Monaten merkt der junge Mann, dass er abends wieder mit Freude Klavier spielen kann. In der Zwischenzeit läuft sein Chinesisch-Studium wie geschmiert.

Es kann aber auch anders kommen.

Emily hat erkannt, dass es ihre Berufung ist, Nonne zu werden. Einige kurze Aufenthalte in einem Kloster haben den Wunsch, den sie seit ihrer Kindheit hegt, noch verstärkt.

Emily spürt tiefen Frieden, als sie in die Gemeinschaft aufgenommen wird. Nach sechs Monaten im Kloster wird ihr klar, dass sie, auch wenn sie sich dessen nicht bewusst war, auch den Wunsch nach Kindern hat. Dieser Wunsch erweist sich als so stark, dass die Aussicht, keine Kinder zu bekommen, sie zutiefst unglücklich macht. Die Traurigkeit wird immer stärker und überwältigt jede Freude. In Absprache mit der Oberin beschließt Emily, die Gemeinschaft zu verlassen.

Äußere Bestätigung. Es ist gut, innere Bestätigung zu bekommen. Aber manchmal ist das nicht genug. Ein Mensch ist mehr als seine Gefühle und Gedanken, er ist auch Leib und lebt an einem bestimmten Ort und zu einer bestimmten Zeit, und er findet sich in einer Vielzahl menschlicher Beziehungen, sei es in der Familie, in der Kirche oder durch berufliche und andere Verpflichtungen. Diese äußeren Realitäten bilden die objektive Welt, in der der Mensch lebt. Eine persönliche Entscheidung muss auch von der Außenwelt bestätigt werden, wenn sie real und realisierbar sein soll. Man trifft seine Entscheidungen nicht im luftleeren Raum.

Eugenie wird älter. Sie plant, in die Stadt zu ziehen. Nachdem sie darüber nachgedacht und Erkundigungen eingeholt hat, nimmt sich Eugenie Zeit, um zu entscheiden. Ihre Einsicht führt sie dazu, ihren Bauernhof zu verkaufen und eine Wohnung in der Stadt zu suchen. Manchmal verspürt Eugenie Unruhe und Traurigkeit. Gleichzeitig spürt sie, dass ihre Entscheidung umzuziehen richtig ist. Sie ist sich ihrer Entscheidung nun völlig sicher. Doch es stellt sich heraus, dass niemand Eugenies kleinen Bauernhof kaufen will. Vor ein paar Wochen wurde bekannt, dass neben ihrem Bauernhaus eine neue Autobahn gebaut werden soll. Diese traurige Tatsache stellt ihre wohlüberlegte Entscheidung in Frage.

Bruder Josef ist der charismatische Gründer und Vorsteher einer christlichen Gemeinschaft in einer großen Stadt. Stille und Gebet stehen im Mittelpunkt des Projekts. Im Laufe der Jahre ist die Gemeinschaft gewachsen, und es haben sich Leitungsstrukturen herausgebildet. Seit einiger Zeit hat Bruder Josef das Gefühl, dass sich die Gemeinschaft auch sozial engagieren sollte. Nach einer langen Zeit der persönlichen Auseinandersetzung hat sich dies zu einer inneren Gewissheit gewandelt. Er versammelt die Gemeinschaft, um seine Überzeugung kundzutun. Die Lebensregel sieht vor, dass größere Veränderungen von mindestens drei Vierteln der Mitglieder gebilligt werden müssen. Bruder Josef bezweifelt, dass sein Plan genügend Unterstützung finden wird. Nach ein paar Wochen findet eine Abstimmung statt. Diese zeigt, dass die Gemeinschaft fast einstimmig für Josefs Vorschlag ist. Es ist nun möglich, eine konkrete Verpflichtung in dieser neuen Richtung einzugehen.

Konfirmation durch die Früchte. Es gibt eine weitere Form der äußeren Bestätigung: Die Früchte der Entscheidung, die Dinge, die die Entscheidung mit sich bringt oder hervorbringt, können ebenfalls Teil der Bestätigung sein.

Henry, Alice und ihre Kinder haben sich für einen Umzug entschieden. Die ganze Familie fühlt sich schnell wohl im neuen Haus und in der neuen Stadt. Alle Zweifel sind nun ausgeräumt.

Emma hat sich entschlossen, nicht mehr für eine Firma zu arbeiten, sondern sich selbständig zu machen. Doch der Markt für freiberufliche Journalisten ist nicht gut. Trotzdem hat sie schon nach wenigen Monaten genügend Aufträge und verdient ordentlich. Emma fühlt sich in diesem neuen beruflichen Umfeld wohl, auch wenn sie vorher Zweifel hatte, ob es zu ihr passen würde.

Der Zeitfaktor. Die Frage der Bestätigung zeigt deutlich, dass zur Unterscheidung Zeit und Geduld notwendig sind. Man kann nicht in Eile und mit Tempo entscheiden. Die Unterscheidung ist kein rein technischer Vorgang, der auf Knopfdruck erfolgt – auch wenn manche sich das sicherlich wünschen. Die digitale Kultur hat uns mit dem Unmittelbaren vertraut gemacht. Es gibt jedoch keinen Algorithmus für die Unterscheidung. Unterscheidung ist ein schrittweiser Prozess. Erfahrungen, Perspektiven, Alternativen brauchen Zeit, um mit dem Herzen abgewogen und bewertet zu werden. Das Hören auf den Geist Gottes unterliegt, wie jede menschliche Realität, dem Gesetz der Langsamkeit.

Quentin hat eine verantwortungsvolle Position in einem Krankenhaus inne. Er ist mit Leidenschaft bei der Arbeit. Dennoch nimmt er das Angebot an, Leiter eines großen Altenheims desselben Konzerns zu werden. Quentin gefällt die neue Aufgabe sehr gut. Allerdings ist sein täglicher Arbeitsweg jetzt viel länger, und manchmal muss er sich mit Fällen befassen, die ihn aus seiner Komfortzone herausführen. Nach einigen Jahren bittet ihn sein ehemaliger Chef zurückzukommen, mit einem großzügigen Gehaltsbonus. Quentin weiß nicht gleich, was er tun soll. Die Menschen um ihn herum sind erstaunt über seine Unentschlossenheit. Quentin lässt sich nicht ablenken. Er hat sich entschieden, sich Zeit zu nehmen und zu entscheiden. Nachdem er sich entschieden hat, lässt er sich noch Zeit, um zu sehen, ob sich seine Entscheidung bestätigt.

II. Das Zusammenspiel von Herz, Verstand und Willen

Unterscheidung bedeutet nicht, dass man sich von oberflächlichen Gefühlen leiten lässt. Noch weniger, dass objektive, aber unpersönliche Überlegungen vorherrschen. Auch nicht, dass das Vorankommen im Leben letztlich eine Frage der Willensstärke ist. Die ignatianische Unterscheidung beruht auf dem subtilen Zusammenspiel dieser drei wichtigen menschlichen Fähigkeiten: Herz, Verstand und Wille. In diesem Kapitel wird der Beitrag eines jeden dieser Elemente untersucht.

1. Das Herz ist der Ausgangspunkt

Der Ausgangspunkt und das Rohmaterial der Unterscheidung ist das, was im Herzen geschieht. Auf die eigenen Gefühle zu hören, ist jedoch komplizierter, als es scheint.

Von welchen Gefühlen sprechen wir?

Menschliche Gefühle treten auf verschiedenen Ebenen auf. Nicht alle von ihnen eignen sich für die Unterscheidung.
Unterscheidung findet nicht auf der Ebene der oberflächlichen oder äußeren Gefühlsschichten statt. Es geht nicht darum, ob man den Tag gut begonnen hat oder ob man mit dem falschen Bein aufgestanden ist. Das würde schnell dazu führen, dass oberflächliche Gefühle Ihr Leben diktieren: Wenn es mir gefällt, tue

ich es, oder wenn es mir nicht gefällt, tue ich es nicht. Unterscheidung basiert auch nicht auf kurzzeitigen, oft künstlich erzeugten Emotionen. Nervenkitzel kann durchaus Adrenalin erzeugen. Diese Gefühle können Vergnügen bereiten, aber letztlich hinterlassen sie kaum bleibende Spuren. Oft hinterlassen sie ein Gefühl der Leere.

Laura fühlt sich oft einsam. Vor kurzem hat sie die Dating-App Tinder auf ihrem Smartphone installiert. Ihre Freunde versichern Laura, dass dies ihr Leben verändern wird. Laura hat jetzt von Zeit zu Zeit One-Night-Stands. Das schmeichelt ihrem Ego. Diese Begegnungen sind meistens schön. Sie mag auch die Aufregung in den Stunden vor dem Date. Vor ihren Freundinnen gibt sie gerne mit ihren Erfolgen an. Aber sie erzählt ihnen nicht alles. Wenn ihr One-Night-Stand sie am Morgen verlässt, fühlt sie sich elend. Danach braucht sie mehrere Tage, um ihr Gleichgewicht wiederzufinden.

Hinzu kommt, dass diese oberflächlichen oder künstlich erzeugten Gefühle leicht zu manipulieren sind. Die Werbung und die Digitaltechnik machen sich das zunutze. Sie sind nicht zuverlässig, wenn es darum geht, eine Unterscheidung zu treffen.

Emotionale Innerlichkeit. Unterscheidung erfordert, dass wir uns stattdessen mit den Gefühlen verbinden, die auf einer tieferen Erfahrungsebene entstehen: der Ebene, die die emotionale Grundlage oder Quelle des Lebens ist, der Ebene unserer Innerlichkeit. Hier findet man die Gefühle, die sich nicht ständig verändern. Sie lassen sich viel weniger manipulieren, halten länger an, sind nicht von Hormonen oder dem Wetter abhängig und sagen etwas darüber aus, was Ihnen wirklich wichtig ist. Sie sind normalerweise nicht sehr intensiv. Deshalb sind sie oft nicht leicht zu erkennen. Da sie aber länger andauern, sind ihre Wirkung und Bedeutung groß. Dieses emotionale Fundament sagt etwas über die Wahrheit in Ihrem Leben aus. Die Innerlichkeit ist der Ort, an dem Christen glauben, die Stimme Gottes zu hören.

Positive und negative Gefühle in konkreten Begriffen. Positive Gefühle auf dieser tiefsten Ebene offenbaren im Allgemeinen den Weg, der uns einem wirklich authentischen Leben näherbringt. Für Christen sind sie ein Zeichen für eine vertiefte Verbindung mit Gott. Sie können viele Formen annehmen.

Konkret sind das Gefühle wie Vertrauen, Frieden, Dankbarkeit, Liebe, Freude, Sehnsucht, innere Stärke, Energie, Heiterkeit, Geborgenheit, Lebensfreude, Ruhe, Sanftheit, Leidenschaft, Begeisterung, Motivation, Verbundenheit, Offenheit, Neugier, Zufriedenheit. Sie können auch etwas auf der Ebene der Einsicht und des Verstandes fühlen: das Gefühl, dass Sie eine Antwort bekommen, dass sich Ihr Geist öffnet, dass sich die Teile des Puzzles zusammenfügen oder dass Sie endlich verstehen, worum es geht.

Negative Gefühle weisen im Allgemeinen auf den Weg, der wegführt vom Leben, und damit auf eine größere Entfernung von Gott hin.

Einige Beispiele sind: Bitterkeit, Traurigkeit, Härte, Rückzug, Abscheu, Kälte, Unruhe, Irritation, Unbehagen, Qual, Frustration, Misstrauen, Angst, Eifersucht, Zynismus, Selbstmitleid, Hass, Depression, Leere, Apathie, Verlorenheit, Niedergeschlagenheit, Demotivation. Negative Gefühle können auch mit Verstandesbegriffen ausgedrückt werden. Zum Beispiel durch Verwirrung, Ablenkung oder Verständnisschwierigkeiten.

Ihre eigenen Gefühle. Ein häufiger Fehler bei der Entscheidungsfindung ist, dass die Menschen ihren eigenen Gefühlen nicht die gebührende Bedeutung beimessen. Sie messen den Ansichten der ihnen nahestehenden Personen so viel Bedeutung bei, dass sie dazu neigen, ihre eigenen Gefühle in Klammern zu setzen. Das kann so weit gehen, dass man sich von den Gefühlen anderer leiten lässt, anstatt auf sein eigenes Herz zu hören.

Zum ersten Mal in seinem Leben probiert Alexander eine Schweigeklausur in einem Kloster aus. Der Frieden und die Stille sind ein Segen. Nie zuvor war Alexander dem Kern seines Lebens so nahe gekommen. Es macht ihm Lust auf mehr. Doch die Rückkehr nach Hause ist schmerzhaft. Seine Mitbewohner sind von seiner Geschichte genervt. Sie sagen ihm, es klinge wie eine Gehirnwäsche. Alexander zögert: Ist es eine gute Idee, noch einmal so eine Klausur zu machen? Doch wenn er an das Wochenende zurückdenkt, fühlt er sich weiterhin gut und in tiefem Frieden.

Natürlich ist es wichtig, zu wissen, was die Menschen um einen herum über die wichtigen Dinge im Leben denken und fühlen. Vor allem, wenn es sich um Menschen handelt, die Sie lieben und die Sie daher wirklich kennen. Aus ihren Gefühlen können Sie wichtige Informationen darüber ableiten, was Ihnen wichtig ist und was nicht. Außerdem ist deren Leben bis zu einem gewissen Grad ein Teil Ihres Lebens. Es ist also gut, darauf zu achten, was deren Herz ihnen sagt. Aber letztlich ist Ihr Herz der einzige Ort, an dem alle Informationen zusammenlaufen. Sie sind die einzige Person, die erkennen kann, was für Sie wichtig ist.

Anne ist mit John verheiratet. Sie ist seit 15 Jahren Lehrerin an einem Gymnasium. Bald wird der Schulleiter in den Ruhestand gehen. John ist der Meinung, dass seine Frau die ideale Kandidatin für seine Nachfolge ist. Das würde John stolz und glücklich machen. Aber Anne sieht das ganz und gar nicht so. Ihre Berufung ist es, zu unterrichten und mit jungen Menschen in Kontakt zu sein. Die Aussicht, eine Managerin zu werden, lässt sie kalt. Anne hat jetzt Schlafprobleme. Sie liebt ihren Mann sehr. Sie schätzt seine Meinung und seine Gefühle und fragt nach ihnen. Dennoch entscheidet sie sich dafür, ihre eigenen Gefühle ausschlaggebend sein zu lassen. Schließlich ist es Anne, die die Verantwortung für ihre Entscheidung übernehmen muss.

Ihre eigenen Gefühle sind der unverzichtbare Ausgangspunkt für die Entscheidungsfindung. Das bedeutet natürlich nicht, dass die Gefühle anderer Menschen irrelevant sind. Es kann durchaus sinnvoll sein, sie zu berücksichtigen, aber auf angemessene Weise.

Alexa liebt ihren kleinen Bruder Sebastian und umgekehrt. Sebastian ist ein begeisterter Basketballspieler. Für Alexa ist Basketball nicht von Interesse. Trotzdem geht Alexa regelmäßig zu Sebastians Spielen. Sie weiß, dass er sich immer freut, wenn seine große Schwester ihn unterstützt. Sie merkt, dass es Sebastian gefallen würde, wenn auch sie Basketball spielen würde. Aber nach dem Spiel ihres Bruders geht Alexa jedes Mal joggen. Das ist ihr Sport. Den will sie unbedingt beibehalten.

Nachgeschmack. Schließlich ist es wichtig, die längerfristige emotionale Erfahrung zu berücksichtigen. Ignatius rät uns insbesondere, nicht nur auf unsere Gefühle zum Zeitpunkt der Erfahrung selbst zu achten. Um richtig zu unterscheiden, ist es notwendig, den Nachgeschmack der Erfahrung zu berücksichtigen.

Auch wenn ein Ereignis von großer Freude begleitet ist, kann es danach einen Kater hinterlassen. Oder wenn man später noch einmal darüber nachdenkt, empfindet man gar keine Freude mehr, sondern eher Traurigkeit und Leere.

Mark war wütend auf seinen Kollegen und ließ ihn das sofort wissen, und zwar auf nicht sehr subtile Weise. Im Moment seines Ausbruchs spürte er eine gewisse Erleichterung. Aber jetzt fällt es ihm schwer, sich auf diesen Kollegen einzulassen, mit dem er eigentlich ein gutes Arbeitsverhältnis hat.

Umgekehrt können Sie etwas in diesem Moment als schwierig und sogar schmerzhaft erleben. Gleichzeitig stellen Sie fest, dass es Ihnen auf einer tieferen Ebene auf lange Sicht Frieden und Glück bringt.

Lucy ist eher eine Macherin als eine Denkerin. Sie weiß aus Erfahrung, dass Schulungen für sie eine Herausforderung sein können. Sie machen sie unsicher und nervös. Sie vermisst ihr Arbeitsumfeld und zählt die Stunden. Lucy weiß auch, dass sie sich danach immer zufrieden fühlt. Durch Erfahrung lernte sie, dass Ausbildung ihr letztlich guttut. Auch wenn diese Kurse immer mit negativen Gefühlen verbunden sind, meldet sich Lucy jedes Jahr wieder an.

Dieser positive oder negative Nachgeschmack ist ein wichtiger Anhaltspunkt dafür, ob eine Einstellung, eine Beziehung, eine Erfahrung oder ein Ereignis für Sie ein Weg zu mehr oder zu weniger Leben ist.

Gefühle sind anders als Ideale, Werte und Normen

Es ist ein Segen, wenn Sie in Ihrer Erziehung ein solides Fundament an Werten und gesellschaftlichen Normen erhalten haben. Diese sind wertvolle Bausteine für die Entwicklung Ihrer Persönlichkeit. Sie sind Leuchttürme, die Ihnen helfen, sich jeden Tag in unserer manchmal verrückten Welt zurechtzufinden. Bei der Entscheidungsfindung ist es jedoch wichtig, dass Sie Ihre Gefühle nicht mit diesen Werten, Bräuchen und Idealen verwechseln.

Werkzeuge, keine verbindlichen Richtlinien. Werte, Bräuche und Ideale sind äußerlich und feststehend. Als solche sagen sie nichts darüber aus, was in einem bestimmten Fall für Sie wichtig oder sinnvoll ist und wie Sie am besten vorgehen sollten. Sie sind ein nützliches Hilfsmittel. Nicht weniger, aber auch nicht mehr.

Konkret bedeutet dies, dass Ihr Herz Ihnen Signale geben kann, die bestimmten Werten, Gewohnheiten oder Idealen, die Ihnen wichtig sind, diametral entgegenstehen. Das bedeutet nicht, dass diese Werte oder gesellschaftlichen Normen für Sie nicht mehr wichtig sein sollten. Es bedeutet lediglich, dass Ihr Herz in dieser konkreten Situation anderen Werten den Vorrang gibt und daher in eine andere Richtung weist.

Nathan räumt der Idee einer gerechteren Welt großes Gewicht ein. Er wird gebeten, in seiner Freizeit eine Aufgabe in einer humanitären Organisation zu übernehmen. Nathan fühlt sich mit diesem Vorschlag überhaupt nicht wohl. Er bemerkt eine wachsende Unruhe und Spannung in sich selbst. Der Vorschlag lähmt Nathan mehr, als dass er ihm Energie gibt. Wie ist es möglich, sich wegen etwas schlecht zu fühlen, das ihm perfekt zu passen scheint? Als er anfängt, genauer darüber nachzudenken, wird ihm klar, dass er einfach nicht die Zeit hat, etwas zu geben. Nathan ist bereits überengagiert. Es wäre eine schlechte Idee, ja zu sagen. Mäßigung ist auch wichtig. Das ist die Botschaft, die ihm sein Herz vermittelt.

Die Ebene der objektiven Gefühle

Manchmal hört man Dinge wie diese: »Ich habe das Gefühl, dass ich meinen Eltern das nie verzeihen kann.« »Ich habe das Gefühl, dass ich mein Kind von dieser Schule nehmen muss.« »Ich habe das Gefühl, dass ich ein neues Auto kaufen muss.«

Streng genommen geht es dabei nicht um Gefühle. Es gibt kein bestimmtes Gefühl, das damit zusammenhängt, dass man nicht verzeihen kann, dass man die Schule oder das Auto wechseln muss. Vielmehr geht es um die Interpretation von Fakten und die damit verbundenen Gefühle wie Ärger, Verärgerung oder Frustration.

Diese Unterscheidung zwischen Fakten und Gefühlen ist wichtig. Gefühle sind per definitionem persönlich und subjektiv. Jeder Mensch wird auf einzigartige Weise von Ereignissen betroffen. Gleichzeitig gibt es aber auch etwas Objektives und Unbestreitbares bei Gefühlen. Freude ist Freude. Traurigkeit ist Traurigkeit und Hoffnung ist Hoffnung. Über dieses Thema kann man nicht viel diskutieren.

Ich glaube nicht, dass ... Ein Fallstrick ist, dass viele Menschen ihre Gefühle sofort interpretieren und sie in Analysen, Vorsätzen und Ähnlichem festhalten. Gefühle haben jedoch etwas schwer Fassbares an sich. Sie liegen außerhalb unserer Kontrolle. Wenn wir versuchen, sie zu erklären oder zu interpretieren, überlassen wir unserer Intelligenz die Kontrolle. Sie fühlt sich sicher. Daran ist nichts auszusetzen. Wenn wir aber zulassen, dass diesen Interpretationen das Wort »Ich fühle das« vorangestellt wird, dann erhalten sie den Anschein von Objektivität und damit von Unbestreitbarkeit, wie echte Gefühle. Der Interpret kann sich aber irren, auch wenn es um die Interpretation seiner eigenen Gefühle geht. So besteht von Anfang an die Gefahr, dass die Unterscheidung auf falschen Annahmen beruht. Wir können uns bei aller guten Absicht selbst täuschen.

Julie nimmt Tanzunterricht. Der Grund, warum sie sich angemeldet hat, ist ihr Mangel an Rhythmus. In Wirklichkeit fühlt sich Julie in ihrem Körper einfach nicht wohl. Das ist ein sensibles Thema für sie. Sie hofft, dass der Tanz ihr helfen kann. Der Tanzlehrer merkt bald, dass Julie sich schwertut. Von Zeit zu Zeit macht er diskret einen Vorschlag, den sie zu Recht mit ihrem Problem in Verbindung bringt. Wie so oft kommt sie zu einem Schluss, der in Wirklichkeit nur ein Weglaufen ist: Ich habe das Gefühl, dass dieser Tanzlehrer nicht gut ist; ich höre besser mit dem Tanzkurs auf. Julie hätte ein Gespräch mit dem Tanzlehrer führen können. Er hätte ihr vorgeschlagen, mit einem Psychologen zu sprechen. Jetzt spielt Julie zum x-ten Mal Versteck mit sich selbst.

Ich fühle mich mehr wie … Wenn man wirklich etwas erkennen will, muss man auf der Ebene der ursprünglichen, unverarbeiteten Gefühle beginnen. Diese müssen dann den Tatsachen gegenübergestellt werden, die zu den Gefühlen geführt haben. Mit Ihrem Verstand können Sie dann nach einer möglichen Erklärung suchen. Es gibt eine einfache Technik, mit der Sie vermeiden können, diese unverarbeiteten Gefühle. Beginnen Sie Ihren Satz nicht mit »Ich fühle, dass …«, denn nach diesen Worten folgt fast zwangsläufig eine Interpretation. Es ist besser, mit »Ich fühle« zu beginnen. Dann ist es wahrscheinlicher, dass Sie direkt zu dem Gefühl selbst kommen, dem Rohmaterial der Unterscheidung.

Im Tanzkurs fühlte sich Julie einfach unwohl, ängstlich und bedrängt, weil sie gezwungen war, sich mit ihrem Körper auseinanderzusetzen. Der Tanzlehrer lud sie sanft dazu ein, ihre Blockade zu lösen. Indem sie sagte: »Ich habe das Gefühl, dass er kein guter Lehrer ist«, machte sie dies unmöglich. Unter dem Vorwand, ihre Gefühle ernst zu nehmen, hat Ju-

lie diese zum Schweigen gebracht und sich selbst eine falsche Erklärung gegeben.

Gefühle können ambivalent sein

Nicht alle negativen Gefühle führen in die falsche Richtung. Umgekehrt weisen nicht alle positiven Gefühle in die richtige Richtung. Jeder, der einen schweren Fehler gemacht hat, kann intensive Reue empfinden. Reue bedeutet, dass man bedauert, was passiert ist, und sich vornimmt, es in Zukunft nicht mehr zu tun. Gewissensbisse sind kein Spaß. Sie tun weh. Sie sind ein unangenehmes Gefühl, aber sie sind ein Zeichen dafür, dass man auf dem richtigen Weg ist.
Menschen machen sich oft über andere lustig. Manche Menschen finden das amüsant. Die meisten Menschen sind sich einig, dass es nicht empfehlenswert ist, auf jemandem herumzuhacken. Aber in gewisser Weise ist es von angenehmen Gefühlen begleitet. Vor allem in diesem Moment.
Der böse Engel, der sich in einen Engel des Lichts verwandelt. Die Situation kann noch viel subtiler sein.
Ellen ist Studentin und muss am Montag eine Arbeit abgeben. Sie braucht ihr Wochenende zum Arbeiten. Ellen ist keine große Musikerin, aber ohne zu wissen, warum, nimmt sie am Freitagabend zum ersten Mal seit Monaten wieder ihre Gitarre in die Hand. Sie liebt es. Gute Idee, sagt eine kleine Stimme in ihrem Herzen. Du hast schon viel zu lange nicht mehr gespielt. Ellen musiziert stundenlang am Wochenende, mit Leidenschaft und mit einem Gefühl der Zufriedenheit. Am Sonntagabend ist ihr Aufsatz nicht fertig. Sie hat eindeutig ein Problem und fühlt sich mies. Dabei fühlte sich das Gitarrenspiel so gut an.

Ignatius verwendet hier ein ganz besonderes Bild. Er spricht von dem bösen Engel, der sich in einen Engel des Lichts verwandelt. Unter dem Anschein von Gutem – dem Engel des Lichts – wird man in Wirklichkeit von dunkleren Kräften in die falsche Richtung gedrängt. Diese Stimme ermutigte Ellen, auf ihrer Gitarre zu spielen, damit sie diese Fähigkeit nicht völlig verlor. Ihre Gefühle der Freude und des Vergnügens schienen ihr zu bestätigen, dass es eine gute Idee war, nicht wahr? Es stellte sich heraus, dass es eine Falle war.

Gerechter Zorn. Zorn ist normalerweise kein Wegweiser zu mehr Leben und sollte daher vermieden werden. Es gibt jedoch so etwas wie gerechten Zorn: Zorn, der nur durch Empörung über Ungerechtigkeit motiviert ist und daher eine positive Wirkung haben kann. Ein bekanntes Beispiel ist die Szene im Evangelium, in der der zornige Jesus die Händler und Geldwechsler aus dem Tempel in Jerusalem vertreibt. Er wirft ihnen vor, dass sie das Haus Gottes in eine Räuberhöhle verwandelt haben.

Die Erfahrung zeigt, dass man Zorn nur vorsichtig zulassen sollte, wenn man spürt, dass er an die Oberfläche kommt. Gerechter Zorn ist nur wenigen Menschen gegeben. Oft hat der Zorn mehr mit persönlicher Irritation, Hilflosigkeit, Müdigkeit oder einem verletzten Ego zu tun als mit gerechter Empörung. Bemerkenswert ist, dass die Zuhörer oft sehr gut in der Lage sind, zwischen diesem außergewöhnlichen gerechten Zorn und dem normalen, rein menschlichen Zorn zu unterscheiden. Sobald man merkt, dass es sich um letzteren handelt, selbst wenn er in gewisser Weise rechtschaffen ist, wird die Wirkung eher negativ sein.

Die Schlussfolgerung ist klar. Gefühle können zweideutig sein. Man muss sie interpretieren. Unterscheidung ist nicht nur eine Sache des Herzens. Auch der Verstand ist wichtig.

2. Die Rolle des Verstandes

Die ignatianische Unterscheidung geht von den Dingen aus, die sich auf der Ebene unserer grundlegenden Gefühle abspielen. Emotionale Erfahrung ist das Rohmaterial. Der Verstand – die objektive Vernunft – ist ebenfalls wichtig, wenn auch buchstäblich zweitrangig. In der Dynamik der ignatianischen Unterscheidung ist es Aufgabe des Verstandes, die vom Herzen gelieferten Informationen zu verarbeiten.

Sich der inneren Gefühle bewusst werden

Der Verstand hilft Ihnen, sich dessen bewusst zu werden, was in Ihrem Herzen vor sich geht. Gefühle zu artikulieren, ist ein wichtiger Schritt in diesem Prozess.

Für die meisten Menschen ist es nicht leicht, auf ihre Gefühle zu hören. Selbst wenn sie sich ihres tieferen Gefühlslebens bewusst sind, stehen sie ihm oft misstrauisch gegenüber oder versuchen, die Gefühle, die es hervorruft, unter den Teppich zu kehren. Gefühle können laut schreien. Aber viele denken nicht daran, ihnen zuzuhören.

Eva ruft ihre beste Freundin an. Sofort beginnt sie zu weinen. Zum x-ten Mal hat sie sich mit ihrer Schwester gestritten. Schluchzend erzählt sie, wie der Streit begann. Sie ist sehr unglücklich. Aber, so wiederholt sie im Laufe des Gesprächs mehrmals, ich habe Recht. Ich habe das Richtige ge-

tan. Nachdem Eva sich entlastet und etwas beruhigt hat, fragt ihre Freundin sie vorsichtig: Du sagst, du würdest das nächste Mal genauso handeln. Aber wenn deine Haltung gegenüber deiner Schwester wirklich richtig ist, warum bist du dann so traurig? Eva weiß nicht mehr, was sie sagen soll. So hatte sie noch nie darüber nachgedacht.

Es ist erlernbar, seinen Gefühlen auf der tiefsten Ebene zuzuhören, sie auszudrücken und ernst zu nehmen. Übung macht den Meister. Das Gespräch mit einem weisen Menschen kann hilfreich sein. Aber eine solche Person ist nicht immer sofort verfügbar. Wenn Sie lernen wollen, auf Ihre Gefühle zu hören, ist das einfachste Mittel der bereits erwähnte Rückblick: Nehmen Sie sich bewusst Zeit, um über Ihre Erfahrungen nachzudenken, und achten Sie darauf, was Sie berührt hat und wie es Sie beeinflusst hat.

Interpretation der inneren Gefühle

Der nächste Schritt besteht darin, Ihre Gefühle zu ordnen und zu interpretieren. Innere Gefühle können komplex, widersprüchlich und chaotisch erscheinen. Was sich zunächst gut anfühlt, kann schlecht enden und umgekehrt. Der Verstand macht es möglich, Ihre Gefühle zu lesen. Sie können schärfere Einsichten über Ihre Gefühle gewinnen und erfahren, was Ihnen am wichtigsten ist und wie Sie am besten darauf reagieren. Christen glauben, dass sie auf diese Weise in ihrem Herzen den Wunsch Gottes entdecken.

Verschiedene Ebenen von Gefühlen. Der Verstand ermöglicht es, sich von der unmittelbaren Erfahrung zu distanzieren, um zwischen den verschiedenen Gefühlsebenen zu unterscheiden. Es gibt nicht nur die obere Ebene jener Gefühle, die oft oberflächlich und flüchtig sind. Darunter liegt eine andere Ebene, die tiefer und stabiler ist: das emotionale Fundament. Die Ressourcen, die der Verstand bietet, können dafür sorgen, dass Sie sich nicht von der Unbeständigkeit der Gefühle auf der höheren Ebene mitreißen lassen. Sie können lernen, mit diesen grundlegenderen Gefühlen verbunden zu bleiben.

Am Ende des Tages ist Louise mit diesem Teenager, der um um die Häuser streift? Unklar, völlig am Ende. Sie fühlt sich verzweifelt und wütend. Wird das nie aufhören? Seit Jahren hat Louise die Angewohnheit, am Ende des Abends ihren Tag Revue passieren zu lassen. Auch heute Abend erlaubt ihr dieser Rückblick, trotz der Negativität, eine tiefere Ruhe und Vertrauen zu finden, die, wie sie aus Erfahrung weiß, auch vorhanden sind. Sie weiß, dass diese unangenehmen Episoden von Zeit zu Zeit auftreten. Aber sie weiß auch, dass sie das Richtige tut und dass es sinnvoll ist, sich den Launen ihrer Tochter zu widersetzen. Alles in allem geht es diesem Teenager-Mädchen gut. Noch ein wenig Zeit, und das Schlimmste wird vorbei sein.

Gemeinsamer Nenner. Je öfter Sie Rückschau halten, desto bewusster wird Ihnen, was in Ihrem Innenleben vor sich geht und welche Gefühle möglicherweise wiederkehren. Wenn Sie sich dann regelmäßig Zeit nehmen, um sich einige Notizen zu den Ergebnissen Ihres Rückblicks zu machen, werden Sie wahrscheinlich feststellen, dass sich Muster herausbilden. Gemeinsame Fäden oder Themen tauchen auf. Wir können erkennen, dass diese Haltung, diese Tätigkeit, dieses Ereignis, diese bestimmte Beziehung eher mit positiven oder eher mit negativen Gefühlen verbunden ist.

Wenn Theo müde oder angespannt ist, neigt er dazu, sich in sich selbst zurückzuziehen. Er macht sich über alles Mögliche Sorgen, und oft kommen schmerzhafte Erinnerungen an eine schwierige Zeit in seinem Leben wieder hoch. Das Ergebnis ist immer dasselbe: Er fühlt sich zutiefst unglücklich, was zu Spannungen mit seinem Partner Hugo führt. Aber Theo hat auch festgestellt, dass er, wenn er eine zusätzliche Runde joggen geht oder im Garten arbeitet, danach gut schläft und am nächsten Tag wieder ganz der Alte ist. Theo ist sich dessen bewusst, seit er seinen Tag regelmäßig Revue passieren lässt.

Der Verstand ermöglicht es also, durch regelmäßiges Nachdenken und Rückblicke aus Erfahrungen zu lernen, um nicht immer wieder in dieselben Fallen zu tappen.

Der Verlauf der Gefühle. Indem Sie darauf achten, wie sich Ihre Gefühle entwickeln, können Sie lernen und daran wachsen, wer und was Sie sind. Diskontinuität oder Veränderung können besonders bedeutsam sein.

Zu Beginn einer Erfahrung oder eines Ereignisses zum Beispiel können Sie sich von Zuversicht, Hoffnung und Energie getragen fühlen. Alles läuft gut. Doch dieses angenehme Gefühl schwindet allmählich. Am Ende stehen Angst, Niedergeschlagenheit oder Wut. Ignatius rät uns, die Dinge sorgfältig zu überprüfen und rückwärtszuarbeiten. Ziel ist es, in der Erinnerung bis zu dem Moment zurückzugehen, in dem sich die positiven Gefühle in negative verwandelt haben. Was ist die Ursache für diese Umkehrung? Was ist passiert? Vielleicht sagt dies etwas über die Art und Weise aus, wie Sie mit bestimmten Themen umgehen, oder über die Auswirkungen bestimmter Beziehungen. Solche Erkenntnisse können Sie dazu anregen, Ihr Verhalten auf die eine oder andere Weise zu ändern. Auf diese Weise lernen Sie, indem Sie Ihr Leben kritisch reflektieren.

Sophie arbeitet in einem medizinischen Team. Sie ist kreativ und hat eine Idee zur Verbesserung der Organisation. Sophie wird von ihren Vorgesetzten unterstützt. Sie beginnt mit viel Enthusiasmus. Nach einer Weile merkt sie, dass die Umstrukturierung schiefzugehen droht. Die Beziehungen zu den Kollegen werden schwierig. Das Management beginnt zu zweifeln. Anfangs fühlt sich Sophie voller Energie, aber jetzt wird sie ängstlich und zögerlich. Sie beginnt, den Mut zu verlieren. Ihre Kritik ist direkt und ehrlich. Sie stellt fest, dass die Dinge schiefliefen, sobald sie mit ihren Kollegen zusammenarbeiten musste. Eigentlich wollte sie alles selbst entscheiden. Sophie hat die anderen nicht zu Wort kommen lassen. Sie weiß auch warum. Es ist ihr mangelndes Selbstvertrauen, das das Problem verursacht. Diese Erkenntnis ist befreiend. Auch wenn es ihr schwerfällt, entscheidet sich Sophie nun bewusst dafür, ihre Kollegen wirklich in die Umsetzung der neuen Struktur einzubeziehen. Am Ende geht alles gut. Ihre kreative Idee hat zu einer hervorragenden Umstrukturierung geführt, und Sophie ist als Person gewachsen. Das Gefühl der Zufriedenheit ist groß.

Das Kriterium der Dauer. Wenn man zurückblickt, ist es nützlich, darauf zu achten, wie lange die Gefühle anhalten. Es kann sein, dass die Freude, die man empfindet, auch nach dem Ereignis, das sie ausgelöst hat, anhält. Oder dass die Erinnerung an ein Erlebnis Sie immer wieder mit Freude erfüllt. Dies deutet in der Regel darauf hin, dass das Geschehene wirklich gut für Sie ist.

Umgekehrt kann man feststellen, dass ein Erlebnis zwar angenehm ist, aber im Nachhinein überhaupt keine Freude mehr macht.

Lukas geht regelmäßig mit Augustin nach der Arbeit etwas trinken. Lukas und Augustin sind gute Freunde. Dennoch stellt Lukas fest, dass er sich nach ihrem wöchentlichen Tref-

fen zunehmend leer und unzufrieden fühlt. Anfangs trieben sie gemeinsam Sport und nahmen sich danach Zeit, um in Ruhe zu reden. Doch in letzter Zeit treiben sie keinen Sport mehr, sondern trinken nur noch. Im Nachhinein stellt Lukas fest, dass bei diesen Treffen immer mehr über Kollegen getratscht wird.

3. Die Rolle der Willenskraft

Nach dem Herzen und dem Verstand ist der Wille der dritte und letzte Akteur bei der Unterscheidung. Der Wille ermöglicht es Ihnen, die Unterscheidung zu vervollständigen, indem Sie das, was Sie erkannten, zu einer gelebten Realität machen.

Der Wille betrifft die Fähigkeit, sich zu entscheiden, eine Wahl zu treffen und an ihr festzuhalten. Der Wille ermöglicht es Ihnen, mehr im Einklang mit der Sehnsucht Ihres Herzens zu leben, die Sie mit Ihrem Verstand erkannt haben. Umgekehrt ermöglicht es der Wille auch, Fallstricke zu vermeiden. Sie können sich bewusst dafür entscheiden, den Verlockungen der oberflächlichen Freude nicht nachzugeben, die, wie Sie gelernt haben, in Tränen oder in einem Kater enden. Auf diese Weise lenken Sie Ihr Leben bewusst in die Richtung, die dauerhafte Freude bringt.

Für Lukas ist die Sache klar. Er will berücksichtigen, was er – siehe oben – über den Verlauf seiner wöchentlichen Treffen mit Augustin erkannt hat. Die Freundschaft ist ihm wichtig, aber dieser Tratsch kann nicht weitergehen. Er beschließt, beim nächsten Treffen mit Augustin darüber zu reden. Augustin ist auch nicht glücklich über den Klatsch. Also beschließen sie, wieder Sport zu treiben. Beide beschließen auch, von nun an Klatsch und Tratsch zu vermeiden.

Der Wille steht also nicht im Gegensatz zum Herzen. Ganz im Gegenteil. Der Wille ermöglicht es, in der Praxis die Früchte der Einsicht zu ernten. Indem er Entscheidungen trifft, gibt der Mensch seinem Leben bewusst eine Richtung. Der Wille trägt also dazu bei, dass der Mensch freier wird: als jemand, der sich bewusst für das entscheidet, was er zutiefst als seine Berufung empfindet, und nicht als jemand, der ständig im Trott stecken bleibt oder sich in Fallen verfängt.

Die Sackgasse des Voluntarismus. Der Wille ist das letzte Element in der Dynamik einer erfolgreichen Unterscheidung. Er kommt erst an dritter Stelle und ist dem Herzen und dem Verstand nachgeordnet. Bei manchen Menschen steht jedoch der Wille an erster Stelle. Das nennt man Voluntarismus: ein Wille, der von seinen wirklichen Wünschen losgelöst ist und der seine eigenen Prioritäten setzt. Voluntarismus führt oft in die Sackgasse.

Chloé ist eine Frau, die gerne mit den Händen arbeitet, wenn möglich kreativ und künstlerisch. Auf diese Weise ist sie ganz sie selbst und spürt Leidenschaft und Kraft. Die Ergebnisse ihrer bisherigen Ausbildung zeigen deutlich, dass die Naturwissenschaften nicht zu ihr passen. Dennoch entscheidet sich Chloé für ein Physikstudium. Sie tut es, um ihren Eltern zu gefallen. Sie arbeitet wie verrückt. Ihre Willenskraft und Charakterstärke sind beeindruckend. Die Ergebnisse sind sehr enttäuschend. Nach zwei Jahren ist Chloé völlig entmutigt, nicht weit von einem Burn-out entfernt.

Der Wille kann nur dann seinen vollen Beitrag leisten, wenn er sich in den Dienst der Wünsche stellt, die der Verstand im Herzen erkannt hat.

Nach einer weiteren Reihe von schlechten Prüfungsergebnissen sucht Chloé ihre Tutorin auf. Sie überredet Chloé schließlich, ihr Studienfach zu wechseln. Chloé studiert nun angewandtes

Design. Sie lebt wieder. Chloé arbeitet genauso hart wie vorher. Nur passt es jetzt zu ihr, und sie genießt jeden Tag.

4. Fazit: Segeln mit dem Segelboot

Unterscheidung ist wie das Segeln eines Bootes auf einem großen Gewässer, wenn der Wind stark ist. Der Erfolg des Segelns hängt vom Wind, vom Segler und vom Ruder ab.
Die Richtung des Windes ist wie die Stimme des Herzens. Sie spricht den tiefsten Wunsch eines Menschen aus. Sie drückt aus, was den Menschen in Bewegung setzt und ihn vorwärtsbringt. Sie ist da. Es ist nicht nötig, diesen Wunsch selbst zu erfinden. Man sucht sich nicht aus, wie er aussieht. Er ist einfach da.
Die Seglerin ist wie der Verstand. Sie beurteilt die Richtung und die Stärke des Windes, um optimal zu reagieren. Ihre Rolle ist entscheidend. Ohne sie hat das Schiff keine Richtung und läuft Gefahr, schnell Schaden zu nehmen. Man könnte den Eindruck haben, dass die Seglerin jede beliebige Richtung wählen könnte. Dem ist nicht so. Sie muss ständig die Richtung des Windes berücksichtigen. Ohne Wind kann die Seglerin nichts tun.
Das Ruder schließlich ist wie der Wille. Dank des Ruders wird die Richtung, die der Segler dem Boot vorgibt, real. Es gibt die Möglichkeit, konkrete Entscheidungen und eine Wahl zu treffen. Das Ruder ermöglicht es, auf das offene Meer hinauszufahren und immer weiter zu segeln, anstatt am Ufer zu bleiben oder ziellos umherzutreiben.
Aufmerksamkeit und Flexibilität. Der erfahrene Segler kennt sein Boot. Nach einiger Zeit weiß er mehr oder weniger im Voraus, wie er auf diese oder

jene Situation reagieren muss. Es ist jedoch keine gute Idee, zu schnell auf den Autopiloten zu schalten. Der Wind kann unerwartet seine Richtung ändern, manchmal sanft, manchmal plötzlich. Genauso ist der Wunsch nicht immer derselbe im Leben eines Menschen. Er ändert sich. Das gilt auch für die verfügbare Energiemenge. Wie beim Segeln erfordert die Unterscheidung im täglichen Leben ständige Aufmerksamkeit und Flexibilität, um sich anzupassen. Andernfalls läuft man Gefahr, sich in einem »Ich habe es immer so gemacht« oder »Ich habe es nie so gemacht« zu verzetteln.

III. Unterscheidung üben: Der Tagesrückblick

Unterscheidung hängt weitgehend von der Fähigkeit ab, auf das zu hören, was in einem vorgeht. Den meisten Menschen wird diese Fähigkeit nicht in die Wiege gelegt. Man kann jedoch lernen, sich mit seinem Innersten zu verbinden. Ignatius schlägt dazu eine einfache Methode vor: einen ignatianischen Tagesrückblick, auch Gewissenserforschung oder „Gebet der liebenden Aufmerksamkeit« genannt. Christen können dies in der Gegenwart Gottes und gemeinsam mit ihm tun. In diesem Fall wird der ignatianische Rückblick zum Gebet.

Zweck und Dauer. Sie können auf den Tag oder die Woche zurückblicken, die gerade vergangen ist. Sie können sich auch auf eine bestimmte Erfahrung oder ein Projekt, eine Beziehung oder einen anderen Aspekt Ihres Lebens konzentrieren. Fünf Minuten können ausreichen. Sie können sich aber auch eine Viertelstunde, eine halbe Stunde oder mehr Zeit nehmen. Die einzelnen Elemente des ignatianischen Rückblicks wurden nicht von Ignatius erdacht. Aber die Abfolge der verschiedenen Etappen stammt von ihm. Sie lässt sich in drei Worten zusammenfassen: Danke, Sorry und Bitte.

Verlangsamen. Es ist nicht leicht, auf die innere Welt zu hören. Vor allem, wenn es darum geht, sich seiner Gefühle bewusst zu werden. Wenn Sie also beginnen zurückzublicken, ist es gut, sich etwas Zeit zu nehmen, um innezuhalten und still zu werden und auf diese Weise zu versuchen, auf die Ebene Ihrer tiefen

Gefühle hinabzusteigen. Christen werden Gott bitten, bei der Rückschau zu helfen. Genauer gesagt, werden sie Gott bitten, ihnen zu zeigen, wann ihr Herz besonders berührt wurde.

1. Das Gute anerkennen – Danke!

Der erste Teil des Rückblicks ist der wichtigste: Es geht darum, festzustellen, was Freude, Frieden, Glauben oder andere positive Gefühle gebracht hat. Dabei muss es sich nicht um Höhenflüge handeln. Auch sanfte Streicheleinheiten für das Herz sind wichtig. Es ist besser, sich auf das Gefühl selbst zu konzentrieren und nicht auf die Dinge, die es ausgelöst haben. Auf diese Weise können auch neue, bisher unbekannte Erfahrungen in den Vordergrund rücken, ebenso wie Ereignisse, von denen man nicht automatisch erwarten würde, dass sie einen guten Nachgeschmack hinterlassen.

Positive Gefühle können mit einer Vielzahl von Erlebnissen verbunden sein: ein bestimmtes Ereignis bei der Arbeit, die Worte eines Menschen, ein Lied, das Sie gehört haben, eine religiöse Erfahrung, ein Kunstwerk, das Sie bewundert haben, ein Moment der Intimität zwischen zwei Menschen im Bus, den Sie miterlebt haben, die Ruhe, die Sie empfunden haben, als die störende Musik unerwartet aufhörte, ein freundlicher Verkäufer in einem Geschäft oder ein Kellner in einem Restaurant, die Freude in den Augen Ihrer Mutter, als Sie ihr einen unerwarteten Besuch abgestattet haben, der angenehme Duft einer Blume.

Vielleicht spüren Sie, wie die Dankbarkeit in Ihnen aufsteigt. Für den Christen kann dies eine besondere Bedeutung haben. Schließlich dankt man nicht sich

selbst, sondern demjenigen, der die Quelle des Guten ist, das man erhalten hat. Für den Christen ist das letztlich immer Gott.
Die meisten Menschen haben den Impuls, mit dem Negativen zu beginnen, wenn sie ihre Erfahrungen Revue passieren lassen. Ignatius fordert uns jedoch auf, mit dem Positiven zu beginnen. Auf diese Weise kann man sich nach und nach der Gegenwart des Lebens und des Lichts in seinem Leben bewusstwerden. Man wächst im Glauben und in der Dankbarkeit. In dem Maße, wie sich dieses Bewusstsein entwickelt, wird es leichter und sinnvoller, die negativen Gefühle zu untersuchen.

2. Um Vergebung bitten – Sorry!

Die Danksagung steht an erster Stelle und ist der wichtigste Teil des Rückblicks. Wenn Sie noch Zeit haben, können Sie zum zweiten Teil übergehen. Das wachsende Gefühl der Dankbarkeit macht es leichter – weil es weniger bedrohlich ist –, Orte des Schattens in Ihrem gegenwärtigen Leben zu erkunden. Wo oder wann haben Sie sich traurig, wütend, verbittert, misstrauisch, apathisch usw. gefühlt?
Auch hier ist es ratsam zu versuchen, sich zuerst der inneren Gefühle bewusst zu werden und erst danach zu sehen, welche Handlungen oder Ereignisse zu ihnen geführt haben. Oft geht es, soweit es Sie betrifft, um die Weigerung, auf die eine oder andere Weise Ja zum Leben und zur Liebe im weitesten Sinne zu sagen. Vielleicht tun Ihnen einige Dinge leid und Sie haben das Bedürfnis, um Vergebung zu bitten.
Negative Gefühle können mit sehr unterschiedlichen Erfahrungen verbunden sein: der ständige Blick auf

Ihr Smartphone während eines Gesprächs, Ihr manchmal übermäßiger Alkoholkonsum, die ungeduldige Art, mit der Sie eines Abends die Kinder ins Bett gebracht haben, Ihre Verärgerung im morgendlichen Autoverkehr, der Tonfall, mit dem Sie auf die Bitte Ihres Sohnes um mehr Taschengeld reagiert haben, die Atmosphäre am Arbeitsplatz in letzter Zeit, Ihre Vehemenz, mit der Sie mit Freunden über Politik diskutieren, Ihre Sorgen über die Aufteilung des Erbes Ihrer Eltern usw.

3. Auf morgen blicken – Bitte!

Wenn noch Zeit ist, können Sie abschließend in die Zukunft schauen. Indem Sie danken und um Vergebung bitten, wächst das Verständnis für das, was in den Tiefen Ihres Wesens vor sich geht: Leben und Tod, Licht und Dunkelheit, Gegenwart und Abwesenheit. Was tun Sie mit diesen Informationen? Sie könnten daraus einige Vorsätze oder kleine Veränderungen ableiten, an denen Sie in den kommenden Tagen und Wochen arbeiten wollen. Je konkreter diese Aktionspunkte sind, desto besser. Die Erkenntnisse aus den ersten beiden Phasen des Rückblicks können als Ausgangspunkt dienen.

Sie könnten sich vornehmen, Ihre Kollegen zu grüßen, auch wenn Sie morgens schlecht gelaunt sind, das Autoradio auf der Heimfahrt eine Viertelstunde lang auszuschalten, um den Tag Revue passieren zu lassen, sich anzugewöhnen, eine Geschichte vorzulesen, wenn Sie an der Reihe sind, Ihre kleine Tochter ins Bett zu bringen, sich nach einem anderen Job umzusehen, sich bei Ihrer Nachbarin für Ihr unhöfliches Verhalten zu entschuldigen, die Facebook-Anwen-

dung von Ihrem Smartphone zu entfernen, Ihre alte Mutter öfter zu besuchen.

Es kann verlockend sein, viele Dinge gleichzeitig ändern zu wollen. In der Regel ist dies jedoch nicht der beste Ansatz. Am besten ist es, wenn Sie sich nur auf ein oder zwei Veränderungen festlegen. Die Menschen machen immer nur einen Schritt auf einmal. Am Ende des Rückblicks wird der Christ seinen Vorsatz Gott anbieten. Sie können ihn um Kraft bitten, die Sie brauchen, um Ihre Worte in die Tat umzusetzen.

Antennen. Ein ignatianischer Rückblick ist am effektivsten, wenn er regelmäßig durchgeführt wird. Übung macht den Meister. Das gilt auch für unser inneres Leben. Indem Sie Ihre Erfahrungen regelmäßig überprüfen, werden Sie Ihre inneren Antennen feinabstimmen. Je mehr sie trainiert werden, desto besser werden Sie in der Lage sein, innere Regungen wahrzunehmen, selbst solche, die kaum wahrnehmbar sind. Die kleinen Kurskorrekturen, die sie Ihnen im täglichen Leben vorschlagen, ermöglichen es Ihnen, immer wieder Schritte nach vorne zu machen.

IV. Vom Unterscheiden zum Entscheiden

Die richtige Wahl zu treffen, setzt voraus, dass Sie versuchen zu entdecken, was der beste Weg für Sie in Ihrem Leben ist. Wahl und Unterscheidung gehen oft Hand in Hand. Daher ist es nicht verwunderlich, dass Ignatius von Loyola genaue Anweisungen gibt, wie man eine gute Wahl trifft. Er beschreibt drei Möglichkeiten, eine Wahl zu treffen.

1. Die Wahl, die vom Himmel fällt

Dieser erste Weg ist an sich keine Methode. Man kann nicht selbst entscheiden, ob man sie anwendet oder nicht. Es ist die Wahl, die mit absoluter Sicherheit direkt vom Himmel fällt. Sie fällt Ihnen einfach zu, und zwar auf eine völlig unerwartete Weise. In einem Augenblick wissen Sie, was Sie zu tun haben. Vielleicht haben Sie es sogar schon immer gewusst. Es ist wie eine Intuition, die so stark ist, dass es unmöglich ist, daran zu zweifeln, weder wenn es passiert noch danach. Es ist ein Gefühl, das so stark ist, dass es scheint, dass Sie nicht selbst wählen, sondern gewählt werden.

Diese Art der Wahl ist eine Ausnahme. Und doch gibt es sie. Das Zeichen dafür ist in der Regel große Freude und eine absolute Gewissheit über den zu beschreitenden Weg. Auch danach bleiben der freudige Nachgeschmack und die Gewissheit. Christen betrachten dies als Berufung und erkennen darin das Wirken Gottes.

Ein bekanntes und spektakuläres Beispiel ist die Bekehrung des Apostels Paulus kurz nach Jesu Tod und Auferstehung. Auf der Straße nach Damaskus geschieht etwas Unerklärliches mit ihm. Er fällt buchstäblich zu Boden und hört Jesu Stimme. Bis zu diesem Zeitpunkt hat Paulus die Christen verfolgt. Und doch wird er innerhalb eines Wimpernschlages zum glühenden Christen. Mit unglaublicher Energie widmet er sich den Rest seines Lebens der Verkündigung des Evangeliums. Dabei stößt er auf alle möglichen Widerstände und bezahlt dafür mit seinem Leben. Aber er wird seine Entscheidung niemals in Frage stellen.

2. Die Wahl nach dem Gleichgewicht der Gefühle

So wie die erste Art, eine Entscheidung zu treffen, selten ist, so ist die zweite – das Abwägen unserer Gefühle wie auf einer Waage – weit verbreitet. Es ist eine Methode, die man bewusst wählen und befolgen kann. Ignatius von Loyola hält sie für die normale und zuverlässigste Methode, die richtige Wahl zu treffen. Sie wendet direkt die ignatianische Unterscheidung an. Da sie relativ aufwendig ist, setzt sie voraus, dass der Gegenstand der Wahl eine gewisse Bedeutung hat.

Welche Fragen. Das Abwägen unserer Gefühle kann genutzt werden, um zu entscheiden, was wir studieren wollen, ob wir ein weiteres Kind bekommen wollen oder nicht, ob wir uns eine neue Stelle suchen, umziehen, heiraten oder in einen Orden eintreten wollen. Sie wird für große Entscheidungen verwendet, bei denen etwas auf dem Spiel steht.

Voraussetzungen. Bei dieser zweiten Methode ist es wichtig, von Anfang bis Ende für Ihre innere Offenheit und Verfügbarkeit zu sorgen. Diese sind notwendig, um wirklich sehen zu können, was in Ihrem Herzen vorgeht. Wenn diese innere Freiheit fehlt oder unzureichend ist und Sie eigentlich schon entschieden haben, wie die Waage fallen soll, dann ist es besser, nicht anzufangen. In diesem Fall kann es keine echte Unterscheidung geben. Mit anderen Worten: Legen Sie sich nicht auf das Ergebnis des Prozesses fest, sondern lassen Sie die Wahl offen. Überstürzen Sie die Dinge nicht. Geben Sie dem Prozess Zeit und wagen Sie es, das Ergebnis nicht im Voraus zu kennen.

Wie bei jeder Entscheidungsfindung ist auch hier wichtig, in der Vorbereitungsphase genügend Informationen über das betreffende Thema zu sammeln.

Die Bedeutung einer Alternative. Wenn Sie Ihre Gefühle abwägen wollen, müssen Sie zwei gleichwertige Alternativen zur Auswahl haben. Man wählt nicht zwischen etwas und nichts. Vielleicht stellen Sie fest, dass Ihre Präferenz bereits stark in eine bestimmte Richtung geht. Dennoch ist es wünschenswert, eine glaubwürdige zweite Möglichkeit zu haben oder, wenn nötig, eine zu schaffen. Vergleich und Bewertung werden möglich, weil es eine Alternative gibt, die es erlaubt, die Wahl aus einer breiteren Perspektive zu betrachten. Die Abwägung wird dann Ihre spontanen Gefühle bestätigen oder in Frage stellen. Wenn bereits eine starke Präferenz für eine Option besteht, wird die aufrichtige Erwägung einer anderen Option dazu beitragen, die Wahl zu vertiefen.

Anna hat seit vielen Jahren eine stabile Beziehung zu Pedro. Ist es nicht an der Zeit zu heiraten? Anna ist der Meinung, dass die Ehe eine Entscheidung sein sollte und nicht etwas Automatisches. Sie möchte eine Entscheidung treffen. Obwohl es ein wenig künstlich ist, wählt sie als Alternative, ihr

Leben ohne Pedro, mit einem anderen potenziellen Partner fortzusetzen.

Zwei Wochen. Wir sind nun bereit, den Prozess der Wahl zu beginnen. Er erstreckt sich über zwei Wochen. In der ersten Woche wird die erste Option geprüft. In der zweiten Woche ist die Alternative an der Reihe. In jeder der beiden Wochen werden Sie Ihr normales Leben führen, aber auf der Grundlage, dass Sie sich tatsächlich für die Option der jeweiligen Woche entschieden haben. Von Zeit zu Zeit fragen Sie sich bewusst, was das bedeutet, wie Ihr Leben von nun an aussehen würde, was Sie tun und lassen würden usw. Sie verinnerlichen die Wahl, von morgens bis abends. Reflektieren Sie im Laufe des Tages regelmäßig, wie Sie sich gefühlt haben. Waren Sie in den letzten Stunden oder am letzten Tag ruhig, zuversichtlich, freudig, energiegeladen oder im Gegenteil eher ängstlich, zögerlich, leer, gereizt oder traurig? Versuchen Sie jedes Mal aufzuschreiben, was Ihnen im Rückblick aufgefallen ist.

Ergebnis. Ziehen Sie am Ende einer jeden Woche Bilanz. So können Sie nach zwei Wochen sehen, in welche Richtung das Gleichgewicht der Gefühle zeigt. Die Erfahrung zeigt, dass dieses Abwägen mehr Klarheit bringt, denn oft gibt es einen spürbaren Unterschied zwischen den beiden Wochen. Es ist oft so, dass die eine Option von mehr Frieden, Vertrauen und Freude begleitet wird als die andere, bei der eher negative Gefühle auftauchten.

In den letzten Wochen hat Anna eine Entscheidung darüber getroffen, ob sie Pedro heiraten soll oder nicht. Das Ergebnis entsprach ihren Erwartungen. Gleichzeitig hat es sie aber auch überrascht. Der Vergleich lässt sie erkennen, dass die Aussicht, ihr Leben für immer mit Pedro zu teilen, sie mit viel mehr Freude erfüllt, als sie dachte. Umgekehrt war Anna nicht klar, dass ihr ein Leben ohne Pedro so leer und sinnlos erscheinen würde. Anna fühlt sich sogar noch sicherer, Pedro zu heiraten.

Das Ergebnis hätte auch anders ausfallen können. Zu ihrem Erstaunen könnte Anna festgestellt haben, dass die Aussicht auf ein Leben ohne Pedro ihr ein Gefühl der Befreiung und eine neue Perspektive gab. Diese Option machte sie fröhlicher und energiegeladener als zuvor. Das Leben war schön, schöner als sonst. Eine ganze Woche mit dem Gedanken an ein Leben ohne Pedro machte Anna klar, dass sie in dieser Beziehung erstickte und dass sie sich dessen nicht bewusst gewesen war.

Diese zweite Methode kann von den meisten Menschen angewendet werden, aber nicht von allen. Manche Menschen haben ein sehr ausgeglichenes Gefühls- und Affektleben. Selbst wenn es einen Grund für emotionale Schwankungen zu geben scheint, bemerken sie kaum Veränderungen in ihrem immer gleichbleibenden Herzen. Es ist auch möglich, dass für manche Menschen das Abwägen ihrer emotionalen Reaktionen zwar der richtige Ansatz, das Ergebnis selbst aber nicht sehr klar ist. In diesen Fällen bleibt eine dritte Methode, die auch zur Bestätigung der zweiten Methode herangezogen werden kann.

3. Die Wahl auf der Grundlage unseres Verstandes

Das Abwägen dessen, was wir fühlen, beginnt mit dem, was im Herzen geschieht. Das Abwägen der Fakten beruht auf Verstand und Vernunft. Es geht einfach darum, die Wahl und die Alternative sehr sorgfältig abzuwägen. Das erklärt, warum die dritte Methode der Entscheidungsfindung von jedem angewendet werden kann. Dies gilt insbesondere für Menschen, die sehr ruhig sind und wenig emotionale Schwankungen haben. Allerdings ist diese Methode nicht ganz objektiv. In der Tat wird nicht jeder zum selben Ergebnis kommen, wenn er sich mit diesen Fragen auf rationale Weise auseinandersetzt.

Voraussetzungen. Um Fakten abzuwägen, gilt die gleiche Voraussetzung wie für das Abwägen von Gefühlen. Diese Methode ist nämlich nur dann sinnvoll, wenn Sie über genügend innere Freiheit und Offenheit verfügen, um das Thema rational und in Ruhe zu betrachten und zu analysieren. Darauf ist von Anfang bis Ende des Prozesses zu achten.

Auch hier darf man nicht blindlings entscheiden. Mit anderen Worten: Sie müssen über genügend Informationen verfügen – wer, was, wo, wie, wie viel usw. –, bevor die Abwägung beginnt.

Welche Fragen? Ein breites Spektrum von Fragen kann auf diese Weise behandelt werden: von grundlegenden Lebensentscheidungen bis hin zu rein praktischen und materiellen Fragen des täglichen Lebens und allem, was dazwischenliegt. Wichtig ist, dass die Frage präzise formuliert ist und dass sie mit Ja oder mit Nein beantwortet werden kann.

Diese dritte Methode kann für Fragen wie die Wahl des Lebenspartners, des Studiums, des Berufs, des Umzugs in eine andere Stadt, des Urlaubsziels, des Kaufs eines neuen Autos oder des Eintritts in einen Sportverein verwendet werden.

Im Gegensatz zum Abwägen von Gefühlen braucht das Abwägen von Fakten nicht wirklich eine Alternative. Wenn Sie jedoch eine oder mehrere Alternativen haben, können Sie diese Methode trotzdem anwenden.

Zwei oder vier Spalten. So wird es gemacht. Sie nehmen den Vorschlag an: Ich werde diesem Sportverein beitreten. Sie schreiben alle Argumente auf, die Ihnen einfallen. Die Argumente dafür und dagegen, jeweils in einer Spalte. Diese Argumente können objektiv, materiell oder eher subjektiv und emotional sein. Sie sollten sich nicht auf hochtrabende oder politisch korrekte Argumente beschränken. Auch ganz praktische und bodenständige Überlegungen sind willkommen. Und es soll ja auch recht schnell gehen. Wenn Sie möchten, können Sie das Gleiche auch mit der Gegenposition tun: Ich werde diesem Sportverein nicht beitreten. Sie erhalten dann zwei oder vier Spalten mit Listen von Argumenten dafür und dagegen.
„Ich werde diesem Sportverein beitreten.«

Argumente dafür	*Argumente dagegen*
Mein Arzt rät mir dringend dazu.	Die Mitgliedschaft ist teuer.
Es ist in der Nähe meines Wohnorts.	Ich werde nicht sehr oft hingehen.
Einige meiner Freunde trainieren dort auch.	Ich habe nicht genug Zeit.
Ich mag die Einrichtung und das Licht.	Ich mag keinen Sport.
…	…

Bewerten Sie. Nachdem Sie eine Bestandsaufnahme gemacht haben, wägen Sie die verschiedenen Argumente dafür und dagegen ab. Es geht darum, die Argumente einzeln zu betrachten und die relative Bedeutung, die Sie jedem von ihnen beimessen, zu bewerten. Das Ziel ist es, vor allem Ihren Verstand, aber auch Ihr Herz einzusetzen. Was lösen die rein rationalen Argumente bei Ihnen an Gefühlen aus? Wenn es

Ihnen hilft, können Sie jedem Argument eine Zahl zuordnen, zum Beispiel von eins (nicht wichtig) bis zehn (sehr wichtig). Schließlich können Sie durch Abwägen oder Rechnen herausfinden, in welche Richtung sich die Waage neigt.

Diese dritte Methode kann auch verwendet werden, um eine nach der zweiten Methode getroffene Wahl zu vertiefen oder zu bestätigen. Es kann vorkommen, dass die Ergebnisse dieser beiden Methoden gegensätzlich sind. Das Herz und der Verstand zeigen nicht immer in dieselbe Richtung. In diesem Fall ist es wichtig zu erkennen, dass das Herz stärker auf das Persönliche und Intime ausgerichtet ist als der Verstand, der per definitionem unpersönlich und daher neutraler ist. Das Gewicht des Herzens wird daher größer sein als das des abstrakten Verstandes. Kurz gesagt, die Kraft und Zuverlässigkeit einer emotionalen Abwägung ist größer als die des reinen Verstandes.

William ist ein Forscher. Ihm werden eine Festanstellung und eine bedeutende Beförderung angeboten. Wenn William das Angebot annimmt, weiß er, dass seine Zukunft im Forschungszentrum gesichert ist. Er wird auch viel mehr Geld verdienen. Seine derzeitige Position ist ungewiss. Aufgrund seines hohen Spezialisierungsgrades sieht William für sich nur wenige andere Beschäftigungsmöglichkeiten. Wenn er die Beförderung annimmt, bedeutet dies jedoch, dass ihm mehr Führungsaufgaben übertragen werden und dass er sich endgültig aus dem Labor verabschieden muss. Für Williams Kollegen scheint es offensichtlich, dass er sich für die Beförderung entscheiden sollte. Wenn man die Fakten abwägt, fällt die Entscheidung in diese Richtung. Aber seine Emotionen sind genau andersherum. William ist leidenschaftlich in der Forschung tätig. Sie ist sein Leben. Wenn er sie aufgibt, wird zu viel von dem, was er ist, sterben.

4. Zwei weitere Tipps: ein vollkommen Fremder und ein Sterbebett

Es kann sein, dass Sie bei der Abwägung der Fakten aufgrund einer gewissen Voreingenommenheit Schwierigkeiten haben, bald eine Antwort zu finden. Um Abhilfe zu schaffen und Ihre innere Verfügbarkeit zu schärfen, schlägt Ignatius zwei weitere Übungen vor.

Sie können sich vorstellen, dass Sie einer völlig fremden Person einen Rat zu genau dem Thema geben müssen, über das Sie gerade eine Entscheidung treffen. Was würden Sie dieser Person empfehlen?

Sie können sich vorstellen, dass Sie auf dem Sterbebett liegen. Welche Entscheidung würden Sie aus dieser Perspektive in Bezug auf die vorliegende Frage treffen wollen?

In beiden Fällen geht es darum, etwas mehr Abstand zu gewinnen, wenn Sie Ihre spezielle Situation betrachten. Dann können Sie sich, hoffentlich mit mehr

Objektivität und innerer Freiheit, der Frage erneut zuwenden und dabei die Methode der rationalen Abwägung der Fakten anwenden.

V. Unterscheidung und Bildung

Die ignatianische Unterscheidung leistet einen wertvollen Beitrag zur Erziehung von Kindern und Jugendlichen. Diese wollen entdecken, wer und was sie sind. Sie wollen experimentieren und wachsen. Das Unbekannte übt eine große Anziehungskraft auf sie aus. Es macht ihnen Freude, an ihre Grenzen zu gehen und über sich selbst hinauszuwachsen. Dies ist für sie sehr anstrengend, aber es gibt ihnen noch mehr Energie. Auf diese Weise wächst ihre Persönlichkeit allmählich.

Bei manchen Menschen zieht sich diese Suche durch das ganze Leben. Andere scheinen sich schnell in der grauen Mittelmäßigkeit zu verzetteln. Die Sehnsucht nach Leben führt manche Menschen dazu, immer menschlicher und einladender zu werden. Für andere hingegen scheint diese Reise schnell in einen unstillbaren Durst nach immer mehr Macht, Geld und persönlichem Ruhm auszuarten. Ist das einfach nur Zufall? Oder handelt es sich vielmehr um eine Art und Weise, in der Welt zu leben, und damit um etwas, das man lernen kann?

Ignatianische Spiritualität und Pädagogik gehen Hand in Hand. Sie bieten Eltern und Erziehern wertvollen Rat, um Kinder und Jugendliche bei ihrer Suche und ihrem Wachstum auf dem Weg zum vollen Menschsein zu begleiten. Bei dieser Suche nach ihrer Berufung kann die Unterscheidung eine wichtige Rolle spielen. Drei wichtige Elemente werden hier angesprochen:

1. Jeder Weg des Wachstums ist einzigartig

Der Wachstumsweg eines jeden Menschen ist einzigartig. Kinder und Jugendliche neigen oft dazu, sich mit anderen zu vergleichen und sich gegenseitig übertreffen zu wollen. Das ist an sich kein Problem, solange wir dabei nicht vergessen, dass der Weg jedes Menschen einzigartig ist. Jeder Mensch ist dazu berufen, seine eigene Art des Menschseins zu gestalten und dabei seine Stärken zu entdecken. Für einige liegen diese eher auf der Beziehungsebene, für andere auf der künstlerischen, intellektuellen, religiösen oder sportlichen Ebene; oder, was genauso gut ist, auf der Ebene der einfachen Dinge des täglichen Lebens.
Die Einladung zum Wachstum richtet sich an alle, unabhängig vom Reichtum oder von den Grenzen der eigenen Fähigkeiten. Niemand ist zur Mittelmäßigkeit vorgesehen. Eine gute Erziehung ist eine Erziehung, die dem Kind oder Jugendlichen die Möglichkeit gibt, die Freude des Wachstums zu erleben, wie bescheiden es auch sein mag.

2. Beim Wachstum geht es um die tiefsten Sehnsüchte

Es geht nicht darum, eine Berufung zu erfinden. Es ist auch keine gute Idee, sie im Supermarkt der ständig wechselnden Moden zu wählen. Das wird keine wirkliche Befriedigung bringen. Ihre wahre Berufung ist empfangen. Sie hat mit Ihrem tiefsten persönlichen Wunsch zu tun. Eine wahre Berufung kommt von innen.

Besondere Verantwortung für Pädagogen. Um sich mit diesem tiefen Wunsch verbinden zu können, ist es wichtig, dass das Kind und der Jugendliche die Möglichkeit haben, mit ihrem inneren Selbst in Kontakt zu treten. Auf diese Weise können sie entdecken, dass ihre konkreten Erfahrungen auch auf der Ebene ihrer tiefsten Gefühle Spuren hinterlassen. Diese sind wichtig, weil sie uns den Weg zu den Dingen weisen, die uns wirklich glücklich machen oder die uns umgekehrt daran hindern, das Leben in vollen Zügen zu genießen.

Das wichtigste Hilfsmittel ist dabei der Rückblick. Deshalb ist es wichtig, das Kind oder den Jugendlichen regelmäßig aufzufordern, über seine Erfahrungen in einer altersgerechten Weise zu reflektieren. Indem sie ihre inneren Gefühle artikulieren, werden sie sich ihrer selbst bewusster. Auf diese Weise lernt das Kind oder der Jugendliche, die Bedeutung und den Stellenwert seiner gelebten Erfahrung besser einzuschätzen.

Was hat diese Aktivität, diese Begegnung, dieses Buch, dieses Thema in der Schule, diese Reise, dieser kürzliche Urlaub in Ihnen ausgelöst, im Moment und danach? Was macht Sie an diesem Punkt ihres Lebens glücklich? Wo spüren Sie Kraft, Energie und Leidenschaft? Was gibt Ihnen Ruhe und Zuversicht? Die schwierige oder problematische Seite des Lebens kann durch Fragen wie diese beleuchtet werden: Was hat Sie unruhig, ängstlich oder traurig gemacht, was schien zunächst attraktiv, hinterließ aber schließlich ein Gefühl der Leere und Unzufriedenheit?

Erzieherinnen und Erzieher tragen in dieser Hinsicht eine besondere Verantwortung. Je früher und je öfter das Kind die Gelegenheit erhält, unterscheiden zu lernen, desto besser. Bei einem 5-jährigen Kind wird der Ansatz ein anderer sein als bei einem 15-jährigen Teenager. Aber es ist für beide gleich wichtig.

Auf diese Weise wird sich das Kind oder der Jugendliche allmählich bewusst, was sein Herz wirklich erwärmt oder zum Schlagen bringt. Umgekehrt wird er sich auch bewusster, was ihn frustriert und verunsichert. Je breiter das Spektrum der Erfahrungen ist, die reflektiert werden, desto informativer und relevanter wird der Rückblick sein.

An einem Sonntagmorgen war ich auf dem Bahnhof von Antwerpen. Der Zug war gerade angekommen. Direkt vor mir wollte ein junger Vater mit seinem 6- oder 7-jährigen Sohn in den Zug einsteigen. Die Stufe zum Einstieg in den Waggon war zu hoch und zu weit für das Kind. Also streckte der Vater seinen Arm aus und der Junge hielt sich daran fest. Auf diese Weise konnte der Vater sein Kind in den Waggon ziehen. Im Zug angekommen, drehte sich der Junge um und sah seinen Vater mit einem strahlenden Lächeln an: »Danke, Papa, dass du mir geholfen hast, in den Zug zu kommen.« Offensichtlich hat dieses Kind schon sehr früh gelernt, auf das, was in seinem Herzen vorgeht, zu achten und es auszudrücken.

Schließlich ist es gut, das Kind oder den Jugendlichen in einer altersgemäßen Weise erfahren zu lassen, dass sie ihre großen und kleinen Entscheidungen tatsächlich von tiefen persönlichen Wünschen inspirieren lassen können. In dem Maße, in dem ihre Entscheidungen von ihren tiefsten Sehnsüchten inspiriert sind, wird eine große Energiequelle freigesetzt. Wenn du auf dem richtigen Weg bist, wirst du die Kraft finden oder bekommen, ihn zu gehen. Auf diese Weise kann das Kind oder der Jugendliche Schritt für Schritt zu dem wunderbaren Menschen heranwachsen, zu dem er berufen ist.

3. Ein authentischer Weg des Wachstums führt zu anderen

Die ersten beiden Punkte sind stark auf das Ich ausgerichtet. Sie könnten den Eindruck erwecken, dass eine ignatianisch inspirierte Erziehung ein Freibrief dafür ist, ein Leben lang an dem Kunstwerk, das man selbst ist, zu feilen. Das mag zuweilen befriedigend erscheinen. Aber letztlich führt eine solche Haltung in eine Sackgasse. Die menschliche Erfahrung im Allgemeinen und das Evangelium im Besonderen weisen in eine andere Richtung. Ein Mensch wird nur in dem Maße glücklich, wie er sich allmählich von dem Bedürfnis befreit, sich selbst immer in den Mittelpunkt zu stellen.

Um voll und ganz Mensch zu werden, muss der Mensch lernen, über seine Interessen hinauszuschauen und Platz für den anderen zu machen. Die Freude, die er dann erlebt, ist die tiefste Freude, die es gibt. Der Mensch wird erst dann ganz Mensch, wenn er sich für andere einsetzt. Es ist ein Recht der Kinder und Jugendlichen, dies zu entdecken. Es ist daher die Pflicht von Eltern und Erziehern, dies zu ermöglichen.
In ignatianisch inspirierten Schulen ist es seit Jahrzehnten üblich, junge Menschen aufzufordern, sich freiwillig für und mit denjenigen zu engagieren, die am Rande unserer Gesellschaft leben. Dieses regelmäßige Engagement wird von einem Prozess der Evaluation begleitet. Die jungen Menschen entdecken, oft zu ihrem großen Erstaunen, dass ihnen der Einsatz für andere mehr Freude bereitet als alles, was sie bisher erlebt haben. Viele berichten, dass diese Erfahrung eine der stärksten in ihrer Schullaufbahn ist und dass sie ihre Studien- und Berufswahl beeinflusst hat.

VI. Unterscheiden zwischen richtig und falsch

Nicht alle angenehmen Gefühle weisen uns in die richtige Richtung. Nicht alle unangenehmen Gefühle weisen uns in die falsche Richtung. Die ignatianische Unterscheidung ist viel subtiler als das. Dies gilt insbesondere für die Analyse des Ignatius über das Wirken von Gut und Böse. Es mag überraschen, dass die Dynamik des Bösen in der Regel mit einem angenehmen Gefühl beginnt und daher zunächst verlockend ist. Die Dynamik des Guten hingegen stößt anfangs oft auf Widerstand. Das Endergebnis ist bei beiden natürlich das Gegenteil.

1. Die Dynamik des Bösen

Das Böse, auch Teufel genannt, ist eine geheimnisvolle Kraft, die die Menschheit vernichten will. Der Feind der menschlichen Natur oder Luzifer, wie Ignatius das Böse manchmal nennt, versucht, die Menschen voneinander zu isolieren, sie in sich selbst einzuschließen und sie so vom wahren Leben fernzuhalten. Ignatius lehrt, dass das Böse sich manchmal in einer sehr freundlichen oder attraktiven Weise präsentiert. In dieser Form nimmt es die Gestalt des Engels des Lichts an, wie wir bereits besprochen haben. Ausgehend von Gutem und Angenehmem, versucht es mit List, die Menschlichkeit des Menschen zu zerstören, indem es seine Beziehungen stört. Das gilt für den Einzelnen, aber auch für die Gemeinschaft. Das Böse funktioniert auf zwei verschiedene Arten, die scheinbar gegensätz-

lich sind, aber dennoch nahe beieinanderliegen. Beide beruhen auf einer Überbewertung des Reichtums im weitesten Sinne des Wortes.

Der Weg der ständigen Selbstüberschätzung

Ignatius fasst diese Weise, Böses zu tun, in drei Worten zusammen: Reichtum, Hochmut und Stolz.

Reichtum. Die Dynamik des Bösen stellt den Reichtum an die erste Stelle. Wer viel Geld, Wissen, Weisheit, Beziehungen, Einfluss, Macht, Prestige besitzt, kann viel erreichen. Man kann alles selbst machen, weil man das nötige Know-how »im Haus« hat. Dadurch ist man auf andere nicht angewiesen. Denn was man selbst macht, macht man besser.

Diese Logik legt nahe, dass jemand, der viel hat, viel weiß und viel kann, einfach mehr wert ist. Anstatt ein Mittel zu sein, kann Reichtum zum Selbstzweck werden. Es liegt dann auf der Hand, dass Sie danach streben, immer mehr Reichtum zu erlangen. Das wird leicht dazu führen, dass man beginnt, sich mit diesem Erfolg und Reichtum zu identifizieren. Er fühlt sich gut an, gibt Ihnen Selbstvertrauen und bringt Zufriedenheit. Sie haben das Gefühl, alles unter Kontrolle zu haben.

Vom Reichtum zur Arroganz. Wenn Sie sich fragen, warum es Ihnen so gut geht, scheint die Antwort klar zu sein. Es liegt an Ihnen selbst: an Ihrem Studium, an Ihrer Arbeit, an Ihrer Kreativität und an all Ihren anderen Talenten. Reichtum kommt nicht von allein, er ist in erster Linie Ihr Verdienst. Aber warum ist das bei anderen nicht der Fall? Unter ihnen gibt es noch viele, die ebenfalls ihr Bestes geben. Eine kleine Stimme flüstert die Antwort: Du bist besser als die anderen.

Vom Reichtum über die Arroganz zum Stolz. Die Logik, zu viel Wert auf Reichtum zu legen, führt also letztlich zu Stolz. Sie glauben, dass Sie besser sind als andere. Sie sind einfach der Beste. Natürlich werden Sie das nicht von den Dächern schreien. Aber insgeheim halten Sie es nicht für eine verrückte Idee. Sie brauchen die anderen nicht wirklich. Schließlich haben Sie mehr erreicht als sie. Allmählich beginnen Sie,

sich als Mittelpunkt Ihrer Familie, Ihres Freundeskreises, Ihres Unternehmens, Ihrer Schule, Ihrer Gemeinschaft zu sehen.
Ihr Reichtum hat dazu geführt, dass Sie die Realität als Pyramide sehen. Sie befinden sich an der Spitze. Von dieser Höhe aus blicken Sie herablassend auf all die Menschen, die Ihnen unterlegen sind. Eine wirkliche Zusammenarbeit oder ein gemeinsames Tun mit anderen ist nicht mehr interessant. Sie haben Ihnen nichts zu bieten. Schließlich sind Sie ja besser als sie. Mehr noch, diese anderen haben allmählich Angst vor der harten und distanzierten Person, die Sie geworden sind. Sie mögen an der Spitze stehen. Aber an der Spitze gibt es nur Platz für einen. Ihr Stolz hat Sie zu einer einsamen und unnahbaren Person gemacht. Sie sind ein Gefangener Ihres Reichtums. Die falsche Logik, die dem Reichtum einen zu großen Wert beimisst, hat Sie von Ihren Mitmenschen abgeschnitten. In der Tiefe Ihres Herzens sind Sie unglücklich. Sie scheinen erfolgreich zu sein. Aber als Mensch und damit als Beziehungswesen sind Sie irgendwie tot.
Die Überbewertung von Reichtum kann auch zur umgekehrten Dynamik führen, nämlich zur ständigen Selbstunterschätzung. Diese scheint ganz anders zu sein. Dennoch führt sie zu einem ähnlichen Endpunkt wie die Dynamik der Selbstüberschätzung: dem Abbruch der Beziehungen zu den Menschen in Ihrem Umfeld.
Verleugnung des Selbstwerts. Sie erkennen, dass Sie viele Eigenschaften nicht haben. Sie sind nicht der Klügste oder Weiseste, Sie sind nicht so kontaktfreudig, wie Sie es gerne wären, und Sie drücken sich nicht sehr flüssig aus. Anstatt zu glauben, dass Sie großartig sind, denken Sie, dass Sie nichts sind. Je

mehr Sie darüber nachdenken, desto klarer wird Ihnen, dass Sie wertlos sind. Was Sie können und haben, scheint nicht das aufzuwiegen was Sie nicht tun können und nicht haben. Diese Vorstellungen verfestigen sich. Wenn etwas gelingt oder gut läuft, ist es ein Zufall oder ein Fehler. Ein aufmunterndes Wort von einem Freund oder Kollegen kann nur aus Mitleid kommen.

Von der Verleugnung des Selbstwerts zum Minderwertigkeitsgefühl. Es besteht kein Zweifel: Sie sind ein minderwertiges Wesen. Sie sind im Kerker Ihrer Grenzen eingesperrt und Sie sind Ihr eigener Gefängniswärter. Sie sind der Einzige, der den Schlüssel hat. Doch das Letzte, was Sie tun werden, ist, diesen Schlüssel zu benutzen. Es ist nur ein kleiner Schritt zwischen »Ich kann nichts tun« und »Ich bin nichts«. Sie betrachten sich selbst als irrelevant, unbeholfen, so gut wie tot, isoliert von anderen, ohne Wert oder Würde. Diese Denkweise ist besonders unter jungen Menschen verbreitet. Aber auch Erwachsene können in dieser Logik gefangen sein.

Von der Leugnung des Selbstwerts über das Gefühl der Minderwertigkeit bis zur Selbstzerstörung. Der Gedanke an Selbstmord – oder zumindest die Trennung von der Gesellschaft anderer – scheint eine logische Schlussfolgerung zu sein. Auch andere Formen (selbst-)zerstörerischen Verhaltens sind Teil dieser Dynamik: zu viel oder zu wenig essen oder trinken, sich gewalttätig verhalten oder umgekehrt übermäßig passiv sein. Auch hier versteckt sich das Böse unter dem Schein des Guten. Denn wer aufhört zu existieren oder sich aus dem gesellschaftlichen Leben zurückzieht, bringt zunächst für sich und zugleich für andere Frieden und Ruhe.

Auch hier ist das Ergebnis, dass die Beziehung zum Nächsten und zu sich selbst schwer gestört ist. Ebenso wie die Möglichkeit einer Beziehung zu Gott. Wie könnte ich ihm jemals gegenübertreten? Die Überbewertung des Reichtums, diesmal in Form des Verzichts auf bestimmte Dinge, hat Ihre Menschlichkeit völlig untergraben. Im Gegensatz zur ersten Variante ist hier von Anfang bis Ende ein negatives Gefühl vorhanden. Das hindert diese Dynamik aber nicht daran, stark anziehend zu sein.

2. Die Dynamik des Guten

Die Dynamik des Bösen untergräbt die Beziehungen. Die Dynamik des Guten bewirkt das Gegenteil. Auch hier lassen sich drei Stufen ausmachen. Auf den ersten Blick scheinen sie nicht sehr attraktiv zu sein. Bei vielen lösen sie Widerstand aus. Doch am Ende führen sie zu tiefer Freude. In dieser Dynamik erkennen die Christen die Essenz des evangelischen Lebens Jesu.

Begrenzungen. Die Dynamik des Guten geht von der Erfahrung aus, dass der Mensch begrenzt und unvollkommen ist. Wenn Sie Ihr Leben ehrlich betrachten, werden Sie feststellen, dass es viele Dinge gibt, die Sie nicht tun können oder auf die Sie nicht stolz sind. Ein Mensch, egal wie begabt er sein mag, stößt ständig an seine Grenzen. Die Zeit läuft ab. Unerwartetes macht einen Strich durch die Rechnung. Es gibt so viel, was man gerne tun würde, und so wenig, was man tatsächlich schafft. Das kann wehtun und manchmal sehr unglücklich machen.

Eine der Einschränkungen besteht darin, dass man oft feststellt, dass man etwas nicht allein tun kann. Man braucht andere, auch wenn man es lieber selbst gemacht hätte. Diese anderen Menschen haben ihrerseits Grenzen und Schwächen. Das Gleiche gilt für Organisationen und Strukturen, in denen wir leben und arbeiten. Da kann man schon mal den Mut verlieren.

Begrenzung und Konfrontation. Natürlich ziehen es die meisten Menschen vor, sich dieser Hilflosigkeit und den vielen Grenzen unserer Welt nicht zu stellen. Das Gegenteil zu tun, wird viel Mut erfordern. Sich bewusst zu machen, was nicht geht oder nicht getan werden kann, ist schmerzhaft. Es ist eine Herausforderung. Es holt uns auf den Boden der Tatsachen zurück. Kein vernünftiger Mensch mag diese manchmal brutale Begegnung mit der rauen Wirklichkeit.

Für Ignatius ist die Bereitschaft und die Kühnheit, sich dieser menschlichen Kleinheit und Ohnmacht zu stellen, ein entscheidender Schritt in der Dynamik des Guten. Christen sind sich dessen nicht immer bewusst, aber im Leben Jesu nimmt diese schmerzhafte Konfrontation einen zentralen Platz ein. Sie hätte vermieden werden können. Doch Jesus hat dies bewusst nicht getan. Denken Sie zum Beispiel an seine Erfahrungen mit Unglauben, Ungerechtigkeit, Egoismus, Sturheit, Ablehnung, falschen Anschuldigungen, Feigheit, Ignoranz, Versagen, Krankheit und Tod. Die Christen sehen den Höhepunkt dieser Konfrontation, die Kreuzigung und alles, was damit einhergeht, als den Kern und die Essenz seiner Botschaft. Durch das Kreuz Jesu haben die Menschen allmählich begriffen, dass diese bittere menschliche Armut ein Tor zur Fülle des Lebens und zur Liebe Gottes wird.

Das bedeutet, dass wir, die einfachen Menschen, keine Angst vor dieser Realität haben müssen, so schmerzhaft sie sein mag. Obwohl diese Konfrontation immer zur falschen Zeit kommt und oft dort zuschlägt, wo wir es nicht wollen. Die Erfahrung Jesu zeigt jedoch, dass es möglich ist, mit dieser Begrenztheit und Hilflosigkeit so zu leben, dass auch sie für uns zum Tor zu größerer Freude wird. Das Ergebnis einer solch schwierigen Konfrontation mit unserer grundlegenden Armut wird eine wachsende Offenheit und Aufnahmefähigkeit sein.

Von der Begrenzung über die Konfrontation zur Empfänglichkeit. Empfänglichkeit bedeutet zu akzeptieren, dass man nicht alles haben oder alles können muss. Wenn Sie auf diese Weise offen sind, können Sie mit der Tatsache in Frieden kommen, dass Sie als Person oder als Gruppe begrenzt sind und dass Sie nicht alles, was geschieht, kontrollieren können. Der empfängliche Mensch kann und will sich öffnen, um die Hilfe anderer zu empfangen. Empfänglich zu sein bedeutet, dass man nicht nur geben will, sondern auch empfangen kann und will.

Die Zusammenarbeit, das Eingehen von Kompromissen und das Erleben der eigenen Schwäche, Begrenztheit und Abhängigkeit werden nicht mehr als Versagen empfunden. Der andere ist nicht länger ein Rivale, dem man sich beweisen muss, sondern jemand, dem man vertrauen kann, mit dem man das Leben und seine Schönheit erleben kann. Empfänglichkeit führt zur Entdeckung, dass alles, was im Leben von Wert ist, letztlich ein Geschenk ist. Und man kann nicht wirklich geben, bevor man nicht gelernt hat zu empfangen.

Die Fähigkeit, zu empfangen, macht Dankbarkeit und Staunen möglich. Empfänglichkeit ist die Erfahrung, dass es der andere ist, der uns wachsen lässt. Für Christen ist der andere letztlich Gott. Empfänglichkeit ist die Quelle und die Bedingung der Freude schlechthin. Sie beseitigt die harten Kanten und macht den Weg frei für Humor und gesunde Selbstironie. Empfänglichkeit bedeutet, dass Unvollkommenheit nicht mehr als Hindernis gesehen wird. Vielmehr ist sie eine Einladung, wirklich miteinander in Beziehung zu treten, voneinander zu lernen und zu empfangen.

Geistliche Pädagogik. Die Dynamik des Guten, die Ignatius aus dem Beispiel Jesu destilliert, ist eine besondere geistliche Pädagogik, die es uns ermöglicht, uns mit den dunklen Seiten des menschlichen Lebens auseinanderzusetzen. Sie macht es möglich, die menschliche Begrenztheit nicht passiv als tragisches Schicksal zu ertragen. Sie lehrt, dass wir keine Angst haben oder uns schämen müssen, wenn wir durch die destabilisierende Erfahrung von Unfähigkeit, Versagen oder Ungerechtigkeit mit unserer eigenen Armut oder der der anderen konfrontiert werden. Es gibt keinen Grund, diese Erfahrung zu verdrängen oder zu rationalisieren. Sie soll anerkannt und als möglicher Weg zu mehr authentischer Menschlichkeit gesehen werden. So wird die Erfahrung unserer Grenzen letztlich zu tiefer Freude führen und zu einem Weg zu größerem Glück werden.

Die Dynamik von Gut und Böse bleibt unser ganzes Leben lang in uns präsent. Die Dynamik des Bösen ist manchmal sehr subtil. Es kann beunruhigend sein, das Ausmaß zu entdecken, in dem das Böse uns manipulieren will. Hinter scheinbar edlen Motiven ist oft tatsächlich etwas Hinterhältiges am Werk. Mit diesen beiden Dynamiken bietet Ignatius einen Interpretationsrahmen, der uns hilft zu erkennen, was letztlich gut und böse ist. Sie sind wertvolle Werkzeuge, mit deren Hilfe wir in unserem Leben Authentizität gewinnen können.

VII. Unterscheiden in besonderen Situationen

Das Leben konfrontiert uns mit einer großen Vielfalt von Erfahrungen und Situationen. Die Kenntnis des Ignatius kann uns helfen zu erkennen, was unter verschiedenen Umständen gut und nützlich ist. Im Folgenden werden zehn besondere Situationen vorgestellt, zusammen mit je einem Rat, wie man am besten unterscheiden kann. Das Bemerkenswerte daran ist, dass der Rat oft das Gegenteil von dem empfiehlt, was wir normalerweise tun würden.

1. Wenn Sie im siebten Himmel sind

Bei freudigen Erfahrungen empfiehlt Ignatius, die Erfahrung selbst und die sie begleitenden inneren Gefühle anders zu behandeln als die Gedanken, die aus der Erfahrung entstehen. Eine Erfahrung, die einem nicht nur im Augenblick, sondern auch auf Dauer Glück und Frieden bringt, ist zuverlässig. Wir haben bereits gesehen, dass ein guter Nachgeschmack in der Regel ein Zeichen dafür ist, dass es sich um etwas handelt, das zu mehr und nicht zu weniger Leben führt. Sie dürfen also davon ausgehen, dass das, was bei dieser Gelegenheit geschehen ist, für Sie real und bedeutsam ist. Gut ist, die Erfahrung im Nachhinein noch einmal durchzukauen, um mehr Freude und Kraft aus ihr zu schöpfen.

Ignatius warnt jedoch vor Gedanken und Plänen, die nach einer solch starken Erfahrung auftauchen können. Sie haben nicht immer den gleichen Grad an

Vertrauenswürdigkeit wie die Erfahrung selbst und die positiven Gefühle, die sie begleiten. Sie können verlässlich sein, aber manchmal sind sie es nicht. Sie müssen genauer untersucht werden, bevor man auf sie eingeht.

Die Beziehung Agathes zu ihrem erwachsenen Sohn Victor ist schwer gestört. Ein ruhiges Gespräch ist schon seit langem nicht mehr möglich. Mutter und Sohn sehen sich kaum noch. Es gibt viel Wut und gegenseitigen Schmerz. Anlässlich ihres Geburtstags unternimmt Agathe einen neuen Versuch. Sie lädt ihren Sohn in ein schönes Restaurant ein. Zum ersten Mal seit Jahren können sie wieder miteinander reden, ohne sich zu streiten. Zunächst waren beide misstrauisch, aber das Eis schmolz schnell. Es war zögerlich und zerbrechlich. Doch Agathe spürte eine neue Offenheit und Wohlwollen. Sie verließen einander erleichtert und glücklich. In den folgenden Tagen fühlte sich Agathe weiterhin dankbar und hoffnungsvoll. Sie kann es kaum glauben, glaubt jedoch, dass das, was bei diesem Abendessen geschah, wahr ist.

Sie hat nun den starken Wunsch, die Beziehung zu ihrem Sohn schnell wieder zu normalisieren. Es wurde schon genug Zeit vergeudet, und Agathe hat Victor so viel zu erzählen. Wäre es nicht eine gute Idee, vorzuschlagen, dass sie von nun an jede Woche gemeinsam zu Mittag essen?

Agathe kann sich auf den guten Nachgeschmack verlassen, den das Essen und das Gespräch mit Victor hinterlassen haben. Die Hoffnung ist berechtigt. Allerdings sollte Agathe den Plan, der sich in den darauffolgenden Tagen so spontan ergeben hat, genau überdenken. Es könnte durchaus sein, dass ihre Idee, auch wenn sie gut gemeint ist, das Gegenteil von dem bewirkt, was sie sich erhofft.

2. Wenn Sie wütend sind

Auch im Falle des Zorns unterscheidet Ignatius zwischen den Gefühlen, die mit einer Erfahrung verbunden sind, und den Gedanken, die sie begleiten. Der Rat, den er in diesem Fall gibt, ist das genaue Gegenteil der vorherigen Situation.

Erfahrungen, die einen wütend, ärgerlich, hart und verbittert machen, weisen normalerweise nicht in eine Richtung, die zu mehr Leben führt. Es ist besser, sich nicht immer wieder an sie zu erinnern oder zuzulassen, dass die Negativität später wieder in das Herz eindringt. Dort gibt es nichts Gutes. Gerechter Zorn existiert, aber er ist selten. Es ist besser zu versuchen, Zorn und Bitterkeit loszulassen. Das Risiko, darin stecken zu bleiben und darin zu ertrinken, ist zu groß.

Luzifers Gedanken. Ignatius weist jedoch darauf hin, dass Gedanken und Pläne, die hauptsächlich aus dem Zorn heraus entstehen, anders behandelt werden müssen als der Zorn selbst. Die Erfahrung zeigt, dass diese Gedanken oft relevant sind. In der Bibel wird der Teufel manchmal als Ankläger bezeichnet. Der Ankläger sieht die Fehler der Menschen und prangert sie zu Recht an. Der Teufel wird auch Luzifer genannt. Luzifer bedeutet wörtlich Lichtträger. Luzifer bringt das Licht der Wahrheit. Er sagt die Wahrheit über die Menschen, denen er begegnet. Insbesondere weist er auf ihre Fehler hin. Jesus tut das auch, aber nur, damit die Menschen lernen und bessere Menschen werden. Der Teufel tut dies aus Bosheit, um Schaden anzurichten.

Georg entdeckt, dass seine Tochter Effy wieder gelogen hat. Diesmal war es eine große Lüge. Sie hat sein Vertrauen völlig missbraucht. Georg ist wütend. Er sieht sehr deutlich, wie diese Neigung zum Lügen für Effy zur Gewohnheit geworden ist. Ihr mangelndes Selbstvertrauen führt dazu, dass sie, wenn die Dinge schwieriger werden, lieber vor der Wahrheit davonläuft, als sich ihr zu stellen. So kann es nicht weitergehen.

Doppelter Sieg. Die automatische Reaktion würde darin bestehen, die betreffende Person entschieden mit der Wahrheit zu konfrontieren. Georg könnte Effy wütend der Lüge bezichtigen. Die Wirkung ist wahrscheinlich das Gegenteil von dem, was er will. Das Mädchen wird einfach seinen Zorn spüren und versuchen, sich vor ihm zu schützen. Das Ergebnis wird sein, dass die Wahrheit, die Effy hören muss, nicht ans Licht kommen wird. Aber die Wut könnte sich bemerkbar machen. Eine solche wütende Zurechtweisung birgt die Gefahr, dass das Mädchen in seinem Problem oder Fehler gefangen bleibt, anstatt dass sie befreit wird.

Effy könnte nach dem Zorn ihres Vaters zu sich selbst sagen: Ich bin eine feige Lügnerin. Aber ich werde weiter lügen, weil ich nicht mutig genug bin, Verantwortung zu übernehmen. Papa kennt mich sehr gut. Er hat Recht.

Der Sieg des Bösen ist ein doppelter. Das konstruktive und korrigierende Potenzial der Wahrheit geht verloren. Mehr noch, Effy wird nicht nur nicht von ihrem Irrtum befreit, sondern sie wird darin bestätigt. Georg, der Vater, hat seinen Zorn abreagieren können. Aber es ist seine Tochter, die den Preis dafür zahlt.

Die Entscheidung für den Aufschub. Wie geht man konstruktiv um mit der Wahrheit, die der Zorn offenbart? Ignatius empfiehlt, die Erkenntnisse und Gedanken zu nutzen, aber nicht sofort. Er schlägt vor zu warten, bis der Ärger abgeklungen ist und man sich beruhigt hat. Dann kann man die Einsichten erneut in Betracht ziehen, aber jetzt nicht mehr aus Wut, sondern aus Liebe und Sorge um die andere Person. Auf diese Weise sind sie keine destruktiven Vorwürfe mehr, sondern eher eine Einladung, weiterzugehen.

Ein paar Tage nach Effys Lüge hat sich Georg beruhigt. Anstelle von Wut empfindet er nun wieder Liebe für seine Tochter, die es nicht immer leicht im Leben hat. Er lädt sie ein, mit ihm ein Eis zu essen. Sie liebt es. Dann gehen sie spazieren und er spricht in aller Ruhe über den Vorfall. Er zögert nicht, Effy zu erzählen, wie sein Vater, als er klein war, ihm geholfen hat, nicht mehr zu lügen. Am Ende umarmen sie sich herzlich. Georg ist froh, dass er sich ein paar Tage zuvor auf die Zunge gebissen hat.

Wenn Sie die betreffende Person wieder in einem positiven Licht sehen, ist es an der Zeit, das Gespräch zu beginnen. Jetzt besteht eine echte Chance, dass auch eine schwierige Botschaft ankommt. Denn wenn man sich geliebt fühlt, wächst das Vertrauen und damit auch die Fähigkeit, sich auch an den Stellen, an denen man verletzlich ist, herausfordern zu lassen. Sie wissen dann mit Ihrem Herzen, dass die Person nicht gegen Sie, sondern für Sie ist. Wenn Sie sich auf diese Weise auf ein Gespräch einlassen, erweisen Sie der betreffenden Person einen wertvollen Dienst. Sie ermöglichen ihr, als Mensch zu wachsen. Vorausgesetzt, Sie sind geduldig.

3. Wenn Sie unglücklich sind

Ignatius von Loyola geht davon aus, dass Gefühle wie Freude, Frieden und Vertrauen normal sind. Gleichzeitig lehrt uns die Erfahrung, dass Gefühle wie Traurigkeit, Desillusionierung, Leere, Apathie häufiger auftreten, als uns lieb ist. Deshalb macht Ignatius Vorschläge, wie man mit ihnen so umgehen kann, dass die Rückkehr positiver Gefühle gefördert und nicht behindert wird.

Eine Einladung zur Vertiefung und Läuterung. Es ist gut, Frieden, Vertrauen und Zärtlichkeit zu empfinden. Ein Mensch kann jedoch ohne diese positiven Gefühle sein. Doch auch aus Traurigkeit oder Bestürzung kann etwas Gutes entstehen. Man kann sie als Einladung sehen, das Wesentliche vom Nebensächlichen zu unterscheiden und so dem Wesentlichen im Leben näher zu kommen.

Olivia besucht ihre Mutter zweimal am Tag. Sie tut alles, was sie kann, für ihre Mutter, die nicht mehr wirklich selbstständig leben kann. Die alte Dame kann dies noch nicht akzeptieren. Ihre Hilflosigkeit macht sie regelmäßig aggressiv gegenüber Olivia. Hubert, ihr Lieblingssohn, kommt alle vierzehn Tage zu Besuch. In den folgenden Tagen erfährt Olivia immer wieder, wie lieb und aufmerksam Hubert ist. Nur selten kommt ein Wort des Dankes für Olivia über die Lippen ihrer Mutter. Das alles ist sehr schmerzhaft für Olivia. Anfangs reagierte sie oft mit harschen Worten. In letzter Zeit hat sie gemerkt, dass sie geduldiger wird mit ihrer Mutter. Sie hat das Gefühl, dass die Liebe zu ihrer Mutter wieder stärker wird, auch wenn sie nicht erwidert zu werden scheint. Olivia ist dafür dankbar. Sie hat das Gefühl, dass die Erfahrung mit ihrer Mutter, so schmerzhaft sie auch ist, sie weiterbringt.

Es ist gut zu erkennen, dass es nicht unvermeidlich ist, von diesen negativen Gefühlen mitgerissen zu werden. Traurigkeit und Enttäuschung müssen nicht zwangsläufig in eine Negativspirale führen. Das Nachdenken darüber, was genau im Herzen vor sich geht, hilft, so schnell wie möglich Spuren von neuer Zuversicht und Hoffnung zu entdecken.

Selbst die Initiative ergreifen, um das Ruder herumzureißen. Es ist charakteristisch für negative Gefühle, dass sie dazu führen, dass man in Oberflächlichkeit und Faulheit zurückfällt. Ignatius rät, in diesen Momenten der Traurigkeit mehr zu tun, auch wenn wir von Natur aus dazu neigen, weniger zu tun. Sie entscheiden sich dann bewusst dafür, gegen Ihr Bauchgefühl zu handeln, weil Sie auf einer tieferen Ebene wissen, dass dies den Weg zur Rückkehr Ihrer Lebensfreude öffnet. Das wird mit praktischen und einfachen Dingen beginnen.

Francine ist mit dem falschen Bein aufgestanden und hat wenig Motivation. Sie weiß, dass sich die Dinge für sie leicht zum Schlechten wenden können. Die Erfahrung hat sie gelehrt, dass es ihr in einer solchen Situation hilft, ihr Büro zu putzen, die Wäsche zu bügeln oder die Rosen im Garten zu schneiden. Das sind kleine, sinnvolle Arbeiten, die wenig Anstrengung und Konzentration erfordern und »sicher« sind, weil sie nicht wirklich scheitern können. Diese Tätigkeiten geben Francine immer ein wenig Befriedigung, selbst wenn sie schlecht gelaunt ist. Sie sind ein Sprungbrett zu mehr.

Wenn Sie auf diese Weise bewusst an sich arbeiten, können Sie besser mit Negativität umgehen. Ignatius gibt vier konkrete Tipps, wie man selbst die Initiative ergreifen kann, um negativen Gefühlen den Kampf anzusagen.

Mehr Stille und Gebet. Wenn die Dinge – so beginnt er – nicht gut laufen, neigen wir oft dazu, uns weniger Zeit für Stille, Gebet und Meditation zu nehmen. Ignatius empfiehlt das Gegenteil. Wenn die Dinge schwierig sind, sollte man mehr an der Quelle trinken, nicht weniger. Vielleicht müssen Sie sich für eine andere und geeignetere Form der geistlichen Nahrung entscheiden, als Sie es gewohnt sind. Sich von seinen Wurzeln abzuschneiden, führt nicht weiter.

Seit einiger Zeit fühlt sich Martin nicht mehr wohl in seiner Haut. Bei der Arbeit ist er nicht sehr glücklich. In den letzten Monaten hat sich auch die Beziehung zu seiner Freundin verschlechtert. Martin hat keine Ahnung, woher dieses Unglücklichsein kommt. Früher hat er regelmäßig in der Bibel gelesen und ist ab und zu in die Kirche gegangen. Damit hat er aufgehört. Auf jeden Fall hat ihn das Schweigen nur noch mehr verwirrt. Sobald er nach Hause kommt, stellt er seine Musik auf laut. Eines Tages öffnet er sich Jennifer, einer Kollegin. Martin weiß, dass sie eine gute Zuhörerin ist. Während des Gesprächs wird Martin klar, wie wichtig ihm der Kontakt zur Natur schon immer war. Merkwürdigerweise hat er ganz aufgehört, im Wald spazieren zu gehen. Von da an beschließt Martin, seine wöchentlichen Waldspaziergänge wieder aufzunehmen. Außerdem lädt er sich eine Meditations-App herunter, um von Zeit zu Zeit in die Stille und ins Gebet zu gehen.

Dies gilt auch für andere wichtige Nahrungsquellen und Beziehungen, die Sie dem Wesentlichen im Leben näherbringen können. Wenn die Dinge mit Ihrem Partner, Ihrer weiteren Familie oder Ihren engsten Freunden kompliziert werden, kann das ein Zeichen dafür sein, dass Sie einfach mehr in diese Beziehungen investieren müssen. Sich zurückzulehnen und darauf zu warten, dass das Problem vorübergeht, oder das Glück woanders zu suchen, wird nicht helfen.

Denken Sie mehr über Ihre täglichen Erfahrungen nach. Die natürliche Reaktion könnte auch lauten: Ich werde mir nicht zu viele Sorgen machen oder mir schwierige Fragen stellen. Der zweite Rat des

Ignatius geht wieder in die entgegengesetzte Richtung. Er ermutigt Sie, sich mehr Zeit zu nehmen, um zurückzublicken und darüber nachzudenken, was passiert ist. Das wird Ihnen helfen, besser zu verstehen, was wirklich passiert und was in Ihrem Lebensstil oder in Ihrem Umfeld zu den negativen Gefühlen beiträgt. Bei diesem Rückblick können Sie auch, und wenn möglich sogar noch mehr, nach dem suchen, was Ihnen trotz allem noch etwas Frieden, Vertrauen oder Offenheit gibt. Vielleicht entdecken Sie dann, dass diese Gefühle in einer Weise auftreten, die Sie nicht gewohnt sind, oder an Orten, die Sie nicht erwartet hätten.

Katharina ist seit kurzem im Ruhestand. Das ist ein schwieriger Übergang. Sie arbeitet jetzt viel ehrenamtlich und kann mehr Zeit mit ihren Enkelkindern verbringen. Dennoch vermisst sie den Kontakt zu ihren Patienten. Katharina hat das Gefühl, dass das, was sie jetzt tut, nur eine nette Art ist, sich zu beschäftigen. Im Internet liest sie einen Artikel über den Tagesrückblick. Nach einigem Zögern beschließt Katharina, sich jeden Abend zehn Minuten Zeit zu nehmen, um ihren Tag Revue passieren zu lassen. Sie sucht nach allem, was ihr Freude bereitet hat. Katharina ist erstaunt. Bald stellt sie fest, dass ihre ehrenamtliche Arbeit mit den Flüchtlingen und die Zeit, die sie ihren Enkelkindern widmet, ihr viel mehr Freude bereiten, als sie dachte. Sie merkt auch, dass ihr das ruhigere Tempo ihres neuen Lebens sehr guttut. Könnte es sein, dass ihr Ruhestand gar keine so schlechte Sache ist?

Exzesse einschränken. Auch der dritte Tipp von Ignatius steht im Gegensatz zu dem, was man von Natur aus tun würde. Materieller Wohlstand, ein guter Freundeskreis, interessante Hobbys, gutes Essen und Trinken, ein abwechslungsreiches und entspanntes Leben – all das sind gute Dinge. Aber man kann sich in ihnen verlieren. Alle großen spirituellen Traditionen verweisen auf Enthaltsamkeit und Einfachheit als Mittel, sich dem Wesentlichen des Lebens zu nähern.

Thomas und Maud haben das Gefühl, dass sie den richtigen Rhythmus gefunden haben. Sie haben beide ein erfülltes Berufsleben. An den Wochenenden gehen sie regelmäßig ins Kino oder ins Theater. Sie gehen auch gerne mit Freunden essen. Beide sind sie sehr sportlich. Im Sommer genießen sie einen wohlverdienten exotischen Urlaub. Maud und Thomas würden gerne Kinder haben, aber sie haben noch nicht die Zeit dafür gefunden. Maud ist zunehmend beschäftigt. Sie hat das Gefühl, dass ihre Beziehung zu Thomas seit einiger Zeit eine gewisse Schwere hat. Das beginnt sie zu beunruhigen. Der erste Gedanke, der ihr kommt, ist, dass sie einfach mehr kreative Aktivitäten mit interessanten Menschen organisieren sollte. Maud bittet ihre Mutter um Rat. Zu ihrer großen Überraschung empfiehlt diese ihr, nicht mehr, sondern weniger auszugehen. Dann würden sie und Thomas einfach von Zeit zu Zeit nichts tun, zusammen sein und wieder lernen, über das zu sprechen, was ihnen am Herzen liegt.

Gefühle des Unbehagens oder der Bestürzung können ein Zeichen dafür sein, dass Sie sich in der Fülle Ihres reichen und geschäftigen Lebens verlieren. Eine gute Idee wäre, mehr Raum oder Leere zu schaffen, um mehr Platz für das zu gewinnen, was wirklich wichtig ist.

Geduld. Schließlich der vierte Tipp: Gefühle der Traurigkeit wollen immer, dass Sie glauben, dass sie nie verschwinden – das gehört zu ihrem Wesen. Die ganze Zukunft wird düster. Es kann den Anschein haben, dass die Dinge nie besser werden.

Doch das bekannte Sprichwort, dass nach dem Regen die Sonne kommt, ist sehr weise. Mit anderen Worten: Es ist wichtig, geduldig zu sein. Wenn Sie bereits

damit begonnen haben, die ersten drei Tipps in die Praxis umzusetzen, können Sie umso zuversichtlicher sein, dass die Traurigkeit nicht von Dauer sein wird.
Diese vier Tipps zeigen, wie es möglich ist, negativen Gefühlen die Stirn zu bieten. Für den Christen geht es dabei direkt um den Kern der christlichen Hoffnung und des Glaubens. Gott lässt die Menschen nicht im Stich. Das tut er nie. Er schreibt auf unseren krummen Zeilen gerade. Die Erfahrung zeigt jedoch, dass die Aufforderung zur Geduld und zum Vertrauen unter bestimmten Umständen nicht ausreicht, weil die Anziehungskraft der negativen Gefühle groß ist.

4. Wenn Sie Angst haben

Eine besondere Variante der Traurigkeit ist die Angst. Angst kann einen Menschen buchstäblich erstarren lassen und ihn vom Leben abschneiden. Angst hat etwas Bezwingendes an sich. Sie hat eine natürliche Tendenz zu wachsen und den ganzen Raum einzunehmen. Der Grund dafür ist einfach. Es ist Teil der Angst, alle möglichen wichtigen und schwer widerlegbaren Argumente vorzubringen, die erklären, warum apokalyptische Szenarien zwangsläufig Realität werden. Es scheint daher normal und unvermeidlich, dass man Angst empfindet. So nährt und verstärkt sich die Angst selbst und kann zur Besessenheit werden.
Leo, ein Krankenpflegeschüler im letzten Jahr, hat sich für eine Spezialisierung in der Kardiologie entschieden. Er beginnt jetzt sein erstes Praktikum. Gleich am ersten Tag muss er viele schwierige Aufgaben erledigen. Aber die Dinge laufen nicht gut. Die Arbeit in der Kardiologie muss schnell und präzise ausgeführt werden, da sie sehr technisch ist. Sein Vor-

gesetzter macht mehrere negative Bemerkungen. Leo fühlt sich immer ängstlicher und unsicherer. Dieses Praktikum läuft nicht gut. Ich bin der Sache nicht gewachsen. Ich bin mir sicher, dass ich eine sehr schlechte Bewertung bekommen werde. Am Ende des Tages ist der junge Mann erschöpft und verunsichert. Es ist ihm klar, dass er mit seiner Spezialisierung die falsche Wahl getroffen hat.

Von allen negativen Gefühlsregungen ist die Angst vielleicht die am meisten destruktive. Dabei ist es gar nicht so schwer, ihr Einhalt zu gebieten. Vier wichtige Punkte können dabei hilfreich sein.

Drücken Sie sich aus. Es ist wichtig, die Angst nicht für sich zu behalten, sondern über sie zu sprechen. Angst wächst am besten im Verborgenen. Mit einer Person Ihres Vertrauens über die Angst zu sprechen, kann ein wichtiger erster Schritt sein. Es kann helfen, die sich selbst aufrechterhaltende Logik der Angst zu durchbrechen. Es ist jedoch wichtig, dass die Person, mit der Sie sprechen, die Angst weder bestätigt noch verstärkt.

Kritische Prüfung der Fakten. Ein zweites Hilfsmittel kann die kritische Prüfung der Fakten sein, die hinter der Angst stehen. Oft ist die Wahrnehmung dieser Fakten verworren, falsch oder unvollständig, und es werden falsche Zusammenhänge hergestellt und falsche Schlüsse gezogen, die dann angstauslösend wirken. Das soeben geschilderte Erlebnis ist vielleicht eine gute Gelegenheit, zu mehr Objektivität und Ruhe zu gelangen.

Am Abend ruft Leo eine befreundete Krankenschwester an, die selbst in der Kardiologie arbeitet. Aus dem Gespräch geht hervor, dass Leo tatsächlich eine Reihe von Fehlern gemacht hat, auch wenn sie nicht so gravierend sind. Auch erkennt Leo in dem Gespräch zu seiner Überraschung, dass er vieles richtig gemacht hat. Vielleicht ist die Kardiologie doch keine so schlechte Wahl.

Die Täuschung der Furcht. Der dritte Rat ist der wichtigste und grundlegendste. Die Stärke der Angst liegt vor allem in der Überzeugung, dass sie berechtigt ist. Wie sonst nichts bringt die Angst subtile und stichhaltige Argumente hervor. Diese zielen darauf ab, die Glaubwürdigkeit der Angst zu stärken. Sie glauben aufrichtig, dass Sie zu Recht Angst haben. Die vorgebrachten Argumente beweisen, dass man keine andere Wahl hat, als Angst zu haben.

Genau hierin liegt die Täuschung der Angst. Es stimmt, dass das, wovor wir Angst haben, bisweilen tatsächlich eintritt. Aber davor brauchen Sie keine Angst zu haben. Sie können mit den Problemen umgehen. Das ist es, was Sie von morgens bis abends tun.

Ja, Leos Kurs hat nicht gut begonnen. Wie könnte es auch anders sein? Die Kardiologie ist ein schwieriges Fachgebiet. Es ist normal, dass jemand, der neu ist, am Anfang nicht sehr effektiv ist, auch wenn er sein Bestes gibt. Das gilt für Leo wie für alle anderen Praktikanten. Die Lernkurve bei einem Praktikum wie diesem ist normalerweise steil. Leo kann sich sicher sein, dass dies auch in einigen Wochen noch der Fall sein wird.

Angst verhindert ein Leben in der Gegenwart. Ein vierter Punkt betrifft die Tatsache, dass Angst oft mit Problemen verbunden ist, die in einer unbestimmten Zukunft liegen, ob sie nun eingebildet sind oder nicht. Eine heimtückische Folge der Angst vor einer Zukunft, die es noch nicht gibt, ist, dass sie die Menschen daran hindert, in der Gegenwart, die es bereits gibt, das Beste aus sich herauszuholen. Auch hier kann das Gespräch mit jemandem Erleichterung verschaffen.

Jade, im Teenageralter, weint in ihrem Bett. Als ihre Mutter kommt, um ihr gute Nacht zu sagen, erzählt sie, was ihr passiert ist. Jade hat Angst, dass sich ihre Freunde eines Tages von ihr abwenden werden. Dafür gibt es im Moment keine Anzeichen. Doch das Mädchen ist von der Angst gepackt. Das kurze Gespräch mit ihrer Mutter bringt Jade schnell wieder zur Ruhe.

Angst ist ein schlechter Ratgeber. Es ist nicht gut, der falschen Logik der Angst zu folgen. Es ist klug, sich nicht auf einen Dialog mit der Angst einzulassen, und es ist auch klug, sich bewusst für den Glauben an die Zukunft zu entscheiden. Der Weg zu einem reichen und erfullten Leben wird durch Glauben und Hoffnung gewiesen, nicht durch Angst. Nicht umsonst sagt Jesus immer wieder: Habt keine Angst.

5. Wenn Sie in einer Krise stecken

Unter Krise verstehen wir hier eine als problematisch empfundene Erfahrung des Stillstands. Die Krise wird oft von einer chaotischen Abfolge von widersprüchlichen Gefühlen begleitet. Wie bei der Traurigkeit empfiehlt Ignatius auch hier, nicht das zu tun, was am natürlichsten erscheint.

Standhaftigkeit. Wenn man sich in einer Krise befindet, möchte man im Allgemeinen so schnell wie möglich aus ihr herauskommen. Ignatius' Rat zu diesem Thema ist das genaue Gegenteil. In Zeiten der Krise ist es besser, sich mit Entscheidungen zurückzuhalten. Er rät, so weit wie möglich nichts zu ändern. Es ist besser, sich an die Entscheidungen zu halten, die man vorher getroffen hat – damals war man ruhig und hatte den besseren Überblick. Entscheidungen, die unter diesen Umständen getroffen wurden, sind zuverlässiger als übereilte Änderungen, die Sie jetzt vornehmen. Stellen Sie daher die Entscheidungen, die Sie zuvor getroffen haben, nicht in Frage. Warten Sie, bis Sie sich wieder in ruhigeren Gewässern befinden. Dann werden Sie in der Lage sein zu entscheiden, was zu tun ist.

Jules steht vor einem ernsten Konflikt im Büro. Er ist innerlich aufgewühlt. Am liebsten würde er sofort drastische Entscheidungen treffen, um die Dinge zu ändern. Jules merkt jedoch, dass seine Gefühle im Moment wie ein Jo-Jo sind. Morgens fühlt er sich apathisch, mittags hat er Angst und abends ist er wütend. Die Albträume, die er nachts hat, helfen ihm auch nicht weiter. Um ehrlich zu sein, weiß Jules nicht mehr, wo er steht, geschweige denn, was das Beste für ihn wäre.

6. Wenn Sie nichts fühlen

Manchmal fühlt man gar nichts. Nicht einmal bei wichtigen Beziehungen oder Verpflichtungen, für die man normalerweise starke Gefühle hat.

Charlotte und Clement sind verheiratet. Sie lieben sich sehr, und das schon seit vielen Jahren. Zurzeit allerdings empfindet Charlotte manchmal nichts für Clement. Die ersten paar Male fand sie das seltsam. Jetzt macht sie sich darüber keine Gedanken mehr. Es ist einfach so, wie es ist.

Ein Priester oder eine Nonne stellt fest, dass immer wieder Mal alles, was mit Glauben und Gott zu tun hat, ihn oder sie kaltlässt und keine Bedeutung hat. Zumindest in diesem Moment. Wenn das passiert, machen sie jedoch mit ihrem Leben und ihren Verpflichtungen weiter, als ob nichts wäre.

Da tiefe Gefühle verlässlich sind, braucht man sie nicht immer, und man kann eine Zeit lang auf sie verzichten. Wie kann das sein?

Auf früheren Gefühlen aufbauen. Die Erfahrung lehrt uns, dass manche Gefühle sehr stark sind. Zu anderen Zeiten können sie viel schwächer sein oder ganz fehlen. Das ist an sich kein Problem. Ruhig dürfen Sie Ihr Leben weiterleben, es gibt keinen Grund zur Panik. Sie haben das Recht, nichts zu fühlen. Das ist ein Teil des Lebens. Das heißt aber nicht, dass Sie sofort Ihre Ehe oder andere Verpflichtungen in Frage stellen müssen. Schließlich haben Sie schon einmal eine Erfahrung gemacht, die Ihnen tief in der Seele sagt, dass es gut war und ist. Und darauf dürfen Sie weiterhin vertrauen. Die jetzige Zeit des Schweigens macht die fruhere Erfahrung nicht ungültig.

Im weiteren Sinne hat der Mensch das Recht, sich manchmal niedergeschlagen zu fühlen. Freude ist wünschenswert. Das bedeutet aber nicht, dass man sich der Diktatur des guten Gefühls unterwerfen sollte. Sich ständig gut zu fühlen, so angenehm es auch sein mag, ist nicht unbedingt notwendig.

7. Wenn Sie ein Problem haben

Sie haben ein ernstes Problem am Arbeitsplatz, einen unlösbaren Konflikt, ein traumatisches Erlebnis, eine aussichtslose Beziehung oder etwas Ähnliches. Diese Situation erfordert einen hohen Aufwand an Zeit, Energie und Aufmerksamkeit, vor allem, weil Sie sehr aufgeregt, wütend oder ängstlich sind. Die Situation hat Ihr Leben so sehr in Beschlag genommen, dass Ihre ganze Aufmerksamkeit, sobald Sie aufhören, etwas zu tun, dorthin gezogen wird. So sehr, dass es Ihnen schwerfällt, auf das zu hören, was Ihr Herz zu anderen wichtigen Themen Ihres Lebens sagt.

Das Prinzip des Kühlschranks. Das Kühlschrankprinzip kann hier Abhilfe schaffen. Es bedeutet, dass Sie sich bewusst dafür entscheiden, das Problem für eine bestimmte Zeit in den Kühlschrank zu legen. Sie stellen es dort hinein, damit es sich abkühlen kann. Sie lassen es für eine Weile in Vergessenheit geraten. Das Kühlschrankprinzip ist aus mehreren Gründen nützlich und befreiend.

Lauren hat zusammen mit anderen Familienmitgliedern eine Erbschaft von einem reichen Onkel erhalten. Die Freude hält nicht lange an. Das Teilen führt zu heftigen Auseinandersetzungen. Anwälte werden eingeschaltet, der Fall landet vor Gericht. Lauren schläft nicht mehr. Tag und Nacht wird sie von diesem verfluchten Erbe verfolgt. Mehr noch, der Fall ist hoffnungslos festgefahren. Lauren beschließt, den Fall für die nächsten sechs Monate zu vergessen. Schon nach wenigen Tagen ist sie wieder auf den Beinen und erfreut sich an kleinen Dingen. Nach sechs Monaten stellt Lauren fest, dass sie den Streit viel ruhiger angehen kann. Zum ersten Mal kommt ihr die Idee, dass sie den anderen Erben einen Kompromiss vorschlagen könnte. Lauren ist nun bereit, eine gemeinsame Basis zu finden.

Wer eine Zeit lang bewusst loslässt, wird erkennen, dass er nicht gezwungen ist, seine ganze Zeit und Aufmerksamkeit nur einem Problem zu widmen, auch wenn dies vorher der Fall war. Sie entdecken wieder, dass es andere wichtige Themen in Ihrem Leben gibt. Sie erkennen wieder, dass es um Sie herum gute Dinge und wunderbare Menschen gibt, deren Existenz Sie schon fast vergessen hatten. Sie können diesen wieder Zeit und Aufmerksamkeit schenken, ohne ein schlechtes Gewissen zu haben, weil Sie sich diesem unglücklichen Thema nicht die ganze Zeit gewidmet haben. Kraft und Freude kehren zurück, und in Ihrem

Leben ist wieder Platz für Kreativität und neue Initiativen.

Erleichterung. Vielleicht haben Sie auch bemerkt, dass Sie in letzter Zeit nicht wirklich beten konnten. Alles war auf dieses eine Anliegen ausgerichtet. Indem Sie es in den Kühlschrank legen, geben Sie sich sozusagen die Erlaubnis, Ihre Antennen im Gebet wieder zu weiten. Was für eine Erleichterung!

Die Erfahrung zeigt, dass sich nach einiger Zeit, wenn man das Problem aus dem Kühlschrank nimmt, die Dinge wirklich verändert haben. Manchmal scheint sich das Problem in Luft aufgelöst zu haben. Die Grübelei darüber hatte das Problem über Gebühr aufgebläht. Die Schwierigkeit kann immer noch bestehen. Aber sie ist weniger drängend oder verzehrend geworden. Sie kann jetzt mit mehr Abstand betrachtet werden. Ihre negativen Gefühle sind schwächer geworden. Die neue Perspektive ermöglicht es Ihnen, das Problem konstruktiver anzugehen.

8. Wenn Sie zweifeln

Können wir etwas erkennen, wenn wir Zweifel haben? Können wir im Leben vorankommen, wenn wir Raum für Zweifel lassen? Unsere Kultur will Gewissheit. Ungewissheit und Mehrdeutigkeit müssen sofort beseitigt werden. Zweifel ist gleichbedeutend mit Zögern und der Unfähigkeit, sich zu entscheiden. In der ignatianischen Unterscheidung ist das anders. Es gibt so etwas wie einen »guten Zweifel«: Es ist der Zweifel als Bedingung und treibende Kraft für die Unterscheidung.

Der gute Zweifel. Die Unterscheidung verlangt, dass man Gewissheiten und Überzeugungen loslässt. Auf das eigene Herz zu hören, erfordert innere Offenheit und Verfügbarkeit. Um zu unterscheiden, ist es wünschenswert, dass Sie es wagen, nicht zu wissen. Außerdem ist es notwendig, die verschiedenen Möglichkeiten zu öffnen. Und muss man bereit sein, unerwartete oder bisher unbekannte Antworten in Betracht zu ziehen. Nur wer es wagt, die Ungewissheit des Nichtwissens zu akzeptieren, kann vollständig unterscheiden.

Als junger Mann war das Leben für Leon einfach. Er konnte Fragen sofort beantworten. Es gab nur Ja oder Nein, Schwarz oder Weiß. Erwachsen zu sein, dachte er, bedeutet, sofort Entscheidungen zu treffen. Jetzt ist Leon ein wenig älter. Das Leben erscheint ihm nicht mehr ganz so einfach. Gleichzeitig ist es aber auch reicher und überraschender geworden. Er hat ein besseres Verständnis für die Komplexität des Lebens gewonnen, sowohl in Bezug auf sich selbst als auch auf die Welt um ihn herum. Wenn er nun vor einer etwas wichtigeren Entscheidung steht, trifft er seine Entscheidung nicht sofort. Er nimmt sich die Zeit, in aller Ruhe die verschiedenen Möglichkeiten abzuwägen. Das Ergebnis ist manchmal ganz anders, als er sich das ursprünglich vorgestellt hat. Die Erfahrung hat Leon gelehrt, dass der Mut zum Zweifel die Qualität seiner Entscheidung verbessert.

Zweifel als treibende Kraft. Zweifel, so wichtig er auch ist, ist nicht bequem. Er ist kein Ideal an sich. Es ist gut, die Unsicherheit loswerden zu wollen. Aber im positiven Sinne ist es der Zweifel, der die Dynamik der Unterscheidung in Gang setzt und sie dann eine Weile in Gang hält. Es ist wichtig, sich dafür zu entscheiden, im Zweifel und in der damit einhergehenden Ungewissheit über einen ausreichend langen Zeitraum zu bleiben. Der Zweifel ermöglicht es Ihnen, Ihre Vorurteile und Gewissheiten abzulegen. Er fördert ein freies und klares Urteilsvermögen.

Wer unterscheidet, stellt oft fest, dass nach einer gewissen Zeit die Unruhe und die Unsicherheit einer größeren Ruhe und Zuversicht Platz machen. Die Zweifel nehmen ab oder verschwinden. Eine Antwort auf die Frage taucht auf. Unterscheidung erfordert viel Konzentration und Aufmerksamkeit. Sie können das Ergebnis jedoch nicht selbst hervorbringen. Es ist gegeben, ohne dass Sie dafür verantwortlich sind. Die Unterscheidung ist eine ständige Übung: Sie müssen demütig die Kontrolle aufgeben und die Notwendigkeit akzeptieren zu empfangen. Für den Christen ist es eine anspruchsvolle Lernerfahrung, Gott allein das Ruder in die Hand zu geben.

9. Wenn Sie angespannt sind

Das Wort Spannung hat oft einen negativen Beigeschmack. Es erinnert an ein Problem, das schnell gelöst werden muss. Doch ohne Spannung ist kein Leben möglich. Spannung in den Adern – Blutdruck – ist eine Voraussetzung für Leben. Nur wer gestorben ist, hat keine Spannung mehr im Körper. Das Gleiche gilt für die Unterscheidung.

Menschen mögen einfache Antworten. Zumindest sind sie klar. Wer sich für eine konkrete Gewissheit entscheidet, erntet automatisch mehr Sympathie, als wenn er komplexe Kompromisse eingeht. Leider sind die Antworten auf die meisten Fragen und Probleme, vor denen wir stehen, weder schwarz noch weiß. Sie liegen in einer unendlichen Vielfalt von Grautönen. Die Weisheit liegt zwischen den Extremen.

Liz' Umweltbewusstsein bedeutet, dass sie nicht mit dem Flugzeug fliegt, dass sie so oft wie möglich öffentliche Verkehrsmittel benutzt, dass sie die Heizung in ihrem Haus um ein paar Grad herunterdreht usw. Nur für ihre Arbeit muss Liz von Zeit zu Zeit auf die andere Seite des Kontinents reisen. In dem Dorf, in dem ihr Großvater lebt, gibt es keine Busse. Und weil das Baby eine so empfindliche Lunge hat, wäre es gut, die Heizung im Winter etwas höher zu stellen. All das belastet Liz' Gewissen regelmäßig auf eine Art und Weise, die sie nicht so einfach lösen kann. Sie möchte ihrer ökologischen Verpflichtung treu bleiben. Aber sie will sich auch nicht von ihren Prinzipien gefangen nehmen lassen.

Viele dieser Spannungen sind ganz normal. Sie können unangenehm sein und manchmal eine Quelle von Konflikten darstellen. Oft wird Ihr Herz von widersprüchlichen Gefühlen bewegt, die sich aus gegensätzlichen Grundsätzen ergeben. Diese inneren Regungen des Herzens können als Einladungen verstanden werden. Sie drängen Sie dazu, angemessene Antworten auf konkrete Fragen zu suchen, die das Leben durch diese Spannungen aufwirft. Manchmal auch, um neue Lösungen für neue Probleme zu finden. Spannungen zwingen Sie dazu, kreativ zu sein, und ermöglichen Ihnen, sich weiterzuentwickeln. Dies ist nur möglich, wenn Sie sich von ihnen ständig herausfordern lassen. Aber das ist besser, als sie zu leugnen oder zu versuchen, sie zu verdrängen.

10. Wenn Sie versucht werden

Verlockungen sind alltäglich. Es sind Gedanken, Bilder, Erinnerungen oder reale Ereignisse, die eine starke Anziehungskraft ausüben. Es ist schwierig, ihnen zu widerstehen, weil sie im Allgemeinen, wenn auch nicht immer, schnell ein intensives Vergnügen bereiten. Die Kehrseite der Medaille ist jedoch, dass das Endergebnis der Versuchung fast immer negativ ist.

Ignatius gibt drei Tipps, wie man mit Versuchungen und ähnlichen störenden Gedanken umgehen kann.

Alles oder nichts. *Karl ist glücklich verheiratet. Allerdings hat er seine Frau mit Rana betrogen. Er bereut es aufrichtig. Er möchte seine Beziehung wirklich nicht gefährden. Flirten war schon immer seine Schwachstelle. Doch heute Abend ist er zu einer Party eingeladen. Er weiß, dass Rana dort sein wird. Seine Frau ist auf Reisen. Also kann er allein hingehen. Ihm ist klar, dass er ein Risiko eingeht, wenn er hingeht. Karl hatte zunächst beschlossen, nicht zu gehen. Aber er hat die Einladung gerade noch einmal gelesen und verspürt immer mehr Lust, trotzdem zu gehen.*

Ignatius ist angesichts von Versuchungen sehr klar in seinem Rat. Es gibt nur einen wirksamen Weg, mit ihnen umzugehen: die Tür sofort zu schließen. Man darf nicht in einen Dialog mit der Versuchung treten. Es hat keinen Sinn, einen Kompromiss zu suchen. Man verliert immer. Wenn Sie auch nur ein kleines bisschen von der süßen Versuchung kosten, sind Sie verloren. Die Anziehungskraft der Versuchung wird schnell so stark, dass jeder Widerstand verschwindet.

Die Versuchung ist in Ihrer DNA, sie flüstert Ihnen ständig ein, dass Sie stark genug sind, um nicht nachzugeben, und dass Sie sofort aufhören können. Aber am Ende ist die Macht der Verführung immer zu groß, und Sie sind der Verlierer.

Wenn Sie eine Versuchung bemerkt haben, ist es besser, sich sofort abzuwenden und sich ihr nicht zu stellen. In der Regel verliert die Versuchung dann schnell an Kraft und Sie können sich einem anderen Thema zuwenden. Diese Haltung erfordert Bescheidenheit. In einer ersten Reaktion könnten Sie denken, dass Sie stark genug sind, um sich dem Kampf zu stellen, und dass es keinen Grund gibt, davor wegzulaufen. Aber tun Sie es nicht. Gehen Sie weg. Danach werden Sie Frieden und Zufriedenheit empfinden.

Sprechen Sie darüber. *Karl weiß immer noch nicht, ob er zu dieser Party gehen wird oder nicht. Seine innere Anspannung ist spürbar. Er fühlt sowohl Aufregung als auch Angst. Er kämpft weiter mit sich selbst. Karl beschließt, seinen besten Freund Martin anzurufen. Er empfindet es als peinlich und demütigend. Dennoch ruft er ihn an. Karl weiß, dass Martin ein kluger Mensch ist und dass er ihn mag. Martin braucht nicht viel zu sagen. Nachdem Karl ihm die Situation erklärt hat, fragt er einfach: »Und?« Die Antwort ist für Karl sofort klar. Heute Abend wird er ins Kino gehen und Martin wird ihn begleiten.*

Versuchungen gedeihen gut, wenn sie geheim gehalten werden. Es ist Teil der Versuchung, Ihnen ziemlich überzeugend weiszumachen, dass es nicht gut wäre, mit jemandem darüber zu sprechen. Es wäre demütigend, unreif, seltsam, nicht hilfreich. Ignatius empfiehlt genau das Gegenteil: einer Vertrauensperson offen zu sagen, was passiert ist. Sofort wird die Macht der Versuchung nachlassen, und sie wird als das entlarvt, was sie ist – eine schlechte Idee.

Immer auf die Schwachstellen achten. *Margaret wurde in ihrer Jugend wegen ihres Aussehens schlecht behandelt. Daher hat sie wenig Selbstvertrauen, obwohl sie eine gute Therapie erhalten hat. Margaret ist jetzt erwachsen und hat sich ein gutes Leben aufgebaut. Aber wenn jemand zu Hause oder bei der Arbeit die kleinste Bemerkung macht, die sie als Anspielung auf ihr Aussehen interpretiert, rastet sie aus.*

Sie machen sich Vorwürfe, weil Sie sich wieder einmal dort erwischen lassen, wo Ihre Abwehrkräfte am schwächsten sind. Wie ist das möglich? Sie wissen doch genau, wo Sie verwundbar sind. Wird es denn

nie aufhören? Wut und Enttäuschung über Ihr eigenes dummes Verhalten können Sie doppelt unglücklich machen.
Ignatius' Rat ist so einfach wie einleuchtend. Seien Sie nicht überrascht, verärgert, enttäuscht oder wütend, dass Sie wieder einmal in die Falle getappt sind. Das ist Ihre Schwachstelle. Es ist offensichtlich, dass Sie hier angegriffen werden. Vielleicht wird die Schwachstelle eines Tages heilen. Vielleicht wird sie im Laufe der Jahre verblassen oder Sie werden lernen, besser mit ihr umzugehen. Vielleicht aber auch nicht. Wenn Sie sie akzeptieren, vermeiden Sie den doppelten Schmerz und konnen leichter mit ihr leben.

VIII. Unterscheidung und christlicher Glaube

Die ignatianische Unterscheidung misst den positiven Gefühlen große Bedeutung bei. Bedeutet das, dass sie eine mehr oder weniger subtile Art ist, positiv zu bleiben und die Welt künstlich durch eine rosarote Brille zu betrachten? Nein. Die Grundlage der ignatianischen Unterscheidung ist eine Überzeugung des Glaubens.

Ein Gott der Liebe. Die Unterscheidung, wie sie Ignatius von Loyola lehrt, hat eine besondere Verbindung mit dem christlichen Glauben. Der Ausgangspunkt ist die Überzeugung, dass Gott jeden Menschen liebt. Christen glauben, dass Gott ein Schöpfergott ist, der sich für jeden Menschen einsetzt. Diese Verpflichtung ist nicht nur auf eine Schöpfung in der fernen Vergangenheit beschränkt. Sie gilt für heute, hier und jetzt. Schöpfung bedeutet, dass der Schöpfer die Menschen immer wieder an dem teilhaben lässt, was er ist: Leben und Liebe. Der tiefste Kern des Menschen, so die Christen, ist diese Liebe. Je mehr sich ein Mensch für den Geist Gottes öffnet, desto mehr kann er diese Liebe erfahren. Freude, Hoffnung und Glaube auf der einen Seite und Leere, Gereiztheit oder Wut auf der anderen Seite sind in der Regel Anzeichen für eine mehr oder weniger große Nähe zu Gott. Unterscheidung ist letztlich nichts anderes, als seine inneren Antennen immer wieder auf den Geist Gottes auszurichten. Auf diese Weise entdeckt der Mensch, wohin ihn der Lebensweg mit Gott führt.

Immer Freude. Ist das möglich? Papst Franziskus, ein Jesuit und Spezialist für ignatianische Unterscheidung, hat einmal getwittert: »Im Herzen des Christen ist die Freude. Immer!« Heißt das, dass man etwas falsch macht, wenn man an einem schlechten Tag überhaupt keine Freude empfindet? Nein, natürlich nicht. Jeder hat seine schlechten Tage. Manchmal gibt es mehr schlechte Tage, als man möchte. Wahrscheinlich gilt das auch für Papst Franziskus. Sein Tweet ist kein anklagender kleiner Finger, der sagt: Ach so, Sie nennen sich Christ und fühlen sich wütend, verärgert oder traurig. Das ist nicht richtig! Schämen Sie sich! Vielmehr drückt sein Tweet den hoffnungsvollen Glauben an die beständige Gegenwart der Liebe Gottes in der Tiefe der Seele eines Menschen aus. Die Kunst und die Herausforderung der Unterscheidung bestehen darin, mit dieser Innerlichkeit, die göttlich ist, in Kontakt zu treten und zu bleiben.

Thérèse von Lisieux. Die Erfahrung zeigt, dass dies möglich ist, sogar in Fällen von großem Schmerz oder extremem Leiden. Die Unterscheidung nimmt diese Schmerzen und Leiden nicht weg. Aber die Verbindung mit dem eigenen Inneren kann gleichzeitig Freude und Frieden bringen. Es ist nicht verwunderlich, dass die Christen das Buch ihres Glaubens »Frohe Botschaft« nennen.

Ein eindrucksvolles Beispiel ist Thérèse von Lisieux (1873–1897). Thérèse war eine französische Nonne, die im Alter von nur 24 Jahren langsam an Lungentuberkulose erstickte. Auf ihrem Krankenbett schrieb sie die Geschichte ihres Lebens. Diese junge Frau wusste, dass sie bald sterben würde. Sie litt unter großen körperlichen Schmerzen. Erschwerend kommt hinzu, dass sie in den letzten Monaten ihres Lebens wenig

Freude am Gebet empfand. Thérèse war jedoch so in der Unterscheidung geschult, dass sie selbst unter diesen extremen Umständen mit ihrem tiefsten Kern, mit Gott selbst, verbunden blieb. Ihre Autobiographie ist ein langes Lied des Dankes für all das Gute, das Gott ihr geschenkt hat, selbst in dieser letzten und schwierigsten Phase ihres Lebens.

Das Zeugnis von Thérèse – und das vieler anderer – ist so beeindruckend, dass es unerreichbar erscheinen mag. Aber es ist vor allem ermutigend und hoffnungsvoll. Es zeigt, wie sich die Unterscheidung verfeinern lässt und wie weit sie gehen kann, selbst unter extremen Umständen. Manche sind darin sicher geschickter als andere. Aber auch hier gilt das Sprichwort: Übung macht den Meister.

Nicht nur für Christen. Unterscheidung ist nicht nur etwas für Christen. Der Geist Gottes lässt sich nicht in einen einzigen Glauben oder in eine Kirche einschließen. Christen glauben, dass der Geist Gottes in jedem Menschen guten Willens gegenwärtig und wirksam sein will. Das gilt auch für Menschen, die einer anderen Religion oder Weltanschauung anhän-

gen. Christen haben jedoch einen Vorteil. Ihre Glaubensbeziehung zu Jesus Christus, dem allzeit größten Lehrer der Liebe, schärft ihre Herzen, damit sie sich für diese göttliche Freude öffnen.
Für Nichtchristen gelten die gleichen Bedingungen wie für Christen, damit ihr Urteil ausreichend geschärft und zuverlässig ist. Sie müssen darauf achten, dass ihr Herz im Rahmen ihrer eigenen Tradition geformt und genährt wird.

IX. Unterscheidung in Gemeinschaft

Die Unterscheidung, wie sie in diesem Buch beschrieben wird, findet gewöhnlich auf einer individuellen Ebene statt. Es geht darum, dass eine Person auf ihre innere Erfahrung hört, um Anhaltspunkte für ihr Handeln zu finden.

Unterscheidung kann auch auf der Ebene eines Teams, einer Gemeinschaft, eines Paares usw. stattfinden. Auch hier kann die Frage nach dem, was wichtig und wünschenswert ist, gestellt werden. Auch hier kann man versuchen, durch Unterscheidung den Willen Gottes zu entdecken. Die gemeinschaftliche Unterscheidung ist ein wertvolles Instrument, das dabei hilft, eine Entscheidung zu treffen oder um gemeinsam Prioritäten für die Zukunft zu setzen. Ein gemeinschaftlicher Prozess der Unterscheidung kann auch in sich sinnvoll sein, als Dynamik der Vertiefung.

Einige junge Familien leben in derselben Nachbarschaft. Sie alle engagieren sich ehrenamtlich für die Aufnahme von Flüchtlingen, schon seit mehreren Jahren, und sie merken, wie wichtig dies in ihrem Leben geworden ist. Sie beginnen nun einen Prozess der gemeinschaftlichen Unterscheidung, um besser zu verstehen, was sie wirklich motiviert. Auch möchten sie über die Frage nachdenken, wie dieses Engagement in den kommenden Jahren aussehen soll.

Eine monastische Gemeinschaft ist in den letzten Jahrzehnten viel kleiner geworden. Das bedeutet, dass die Gebäude zu groß sind und es zu viele Aktivitäten gibt. Außerdem stellt sich die Frage, ob neue Aktivitäten aufgenommen werden sollten, anstatt das fortzusetzen, was schon immer getan wurde.

Die persönliche Entscheidungsfindung kann kompliziert sein. Dies gilt umso mehr für die Unterscheidung in Gemeinschaft. Es sollte daher besonders darauf geachtet werden, die Frage, über die unterschieden werden soll, klar und präzise zu formulieren, denn es ist wichtig, dass sich alle Teilnehmer ausreichend mit der Frage identifizieren können. Es bedarf geeigneter Instrumente, damit die gemeinschaftliche Unterscheidung ihre Dynamik entwickelt. Diese ist mehr als die Summe der persönlichen Unterscheidungen der einzelnen Teilnehmer.

Kontemplativer Dialog. Der kontemplative Dialog ist das Herzstück der gemeinschaftlichen Entscheidungsfindung. Er ist eine besondere Art des Austauschs und des Zuhörens in einer Gruppe, oft in einer Atmosphäre des Gebets. Kennzeichnend für den kontemplativen Dialog ist die Abwesenheit von Urteilen, der Respekt vor den persönlichen Gefühlen und Meinungen jedes Einzelnen und der nicht-reaktive Charakter des persönlichen Beitrags. Konkret bedeutet dies, dass jeder Teilnehmer die Möglichkeit hat, seine persönliche Einsicht zum Ausdruck zu bringen. Die anderen hören zu, ohne darauf zu reagieren. Auf diese Weise erhält die persönliche Einsicht jedes Einzelnen einen Platz in der persönlichen Einsicht der anderen. Dank der Abfolge der kontemplativen Dialoge entsteht eine Dynamik der gemeinschaftlichen Unterscheidung.

Begleitung. Die gemeinschaftliche Entscheidungsfindung erfordert eine passende Begleitung, vorzugsweise durch ein Team von externen Experten. Diese begleiten den Prozess und helfen insbesondere dabei, gemeinsame Linien oder Muster zu erkennen, die sich in der Gruppe durch kontemplative Dialoge entwickeln.

Gemeinsame Überprüfung. Die gemeinschaftliche Unterscheidung muss nicht immer auf eine Entscheidung abzielen. Sie kann auch einfach gemeinsam einen bestimmten Zeitraum oder eine Erfahrung in der Weise der Unterscheidung Revue passieren lassen. Wenn dies geschieht, können daraus Lehren gezogen werden.

Paul und Rose nehmen sich alle zwei Monate ein paar Stunden Zeit, um gemeinsam Bilanz über ihre Beziehung und ihre Familie zu ziehen. Sie kombinieren Schweigen, Schreiben und Gespräche. Auf diese Weise versuchen sie zu klären, was gut läuft, was eher schwierig ist und was sie daraus lernen können. In gegenseitigem Einvernehmen vermeiden Paul und Rose bei diesem gemeinsamen Rückblick jede Diskussion. Sie hören sich gegenseitig zu. Regelmäßig sind sie überrascht, was dabei herauskommt. Jetzt, da ihre Kinder erwachsen sind, haben Paul und Rose beschlossen, diese einmal im Jahr einzubeziehen.

X. Unterscheidung als Lebensweise

Ignatius lernte besser als jeder andere, sein betendes Herz als Kompass zu benutzen. Unterscheidung war ihm zur zweiten Natur geworden. Ignatius beendete jede Stunde des Tages mit einem zweiminütigen Rückblick. Auf diese Weise entwickelte er eine einzigartige Fähigkeit, die kleinste Regung in seinem Herzen in Echtzeit zu erkennen. Oft zog er daraus sofortige Schlüsse.

Kontemplativ in Aktion. Bald begannen die Jesuiten, diese Lebensweise als „kontemplativ in der Aktion« zu bezeichnen. Das bedeutet, dass man so mit seinem inneren Selbst verbunden ist, dass man sich inmitten der Hektik des Alltags von dem leiten lässt, was das Herz sagt. Für Christen ist mit Kontemplation die Betrachtung Gottes gemeint. Wenn Sie auf diese Weise in Ihrem täglichen Leben nach dem Beispiel des Ignatius unterscheiden, werden Sie immer sensibler für die Gegenwart oder Abwesenheit Gottes werden und sich von ihm leiten lassen. Es ist die Frucht eines langen Lernprozesses, der ständige Aufmerksamkeit erfordert.

In allen Dingen. Als Generaloberer der Jesuiten hatte Ignatius von Loyola ständig mit einer Vielzahl von Problemen zu tun. Einige Fragen waren geistlicher Natur. Andere wiederum waren rein materieller Natur oder betrafen die Politik im weitesten Sinne. Es war immer die subtile Kunst der Unterscheidung, die ihm den Weg wies. Der lebensspendende Geist Gottes weht nicht nur in den Mauern der Kirchen. Er ist in allen Dingen des Lebens spürbar.

Joachim ist Grundschullehrer. Durch seine Vertrautheit mit dem ignatianischen Tagesrückblick spürt er schnell, wie es den Kindern geht. Das bestimmt oft auch die Art und Weise, wie er auf sie zugeht. Joachim hat gerade bemerkt, dass Kevin Schwierigkeiten hat. Anstatt zu rechnen, schaut das Kind ständig aus dem Fenster. Joachim weiß, dass Kevin eine schwierige Familiensituation hat. Anstatt Kevin zu tadeln, klopft er ihm auf die Schulter und lächelt ihn freundlich an. In der Pause nimmt Joachim den Jungen zur Seite und lässt ihn seine Geschichte erzählen. Als er nach der Pause die Kinder ein Diktat schreiben lässt, ist Kevin aufmerksam und konzentriert.

Wir haben oben gesehen, wie die Unterscheidung hilft, Entscheidungen zu treffen und mit verschiedenen Situationen umzugehen. Auch wenn nichts Besonderes passiert, kann die Unterscheidung bei der ständigen Suche nach einem guten Leben helfen. Innere Gefühle sind größtenteils Phänomene, die gleichsam trotz der Person auftauchen. Bis zu einem gewissen Grad kann man freilich bewusst mit seinen Gefühlen umgehen. Ignatius lehrt, wie eine Form der bewussten spirituellen Disziplin hilft, ein zufriedener Mensch zu werden.

Sie können sich dafür entscheiden, bestimmten Gefühlen gegenüber offen zu sein. Sie können sich auch dafür entscheiden, später zu ihnen zurückzukehren, um sie zu vertiefen. Wir haben gesehen, dass dies besonders gut ist für positive und dauerhafte Gefühle. Diese Erfahrungen werden Sie also doppelt stärken und nähren. Umgekehrt können Sie sich dafür entscheiden, die Auswirkungen negativer Gefühle so weit wie möglich zu begrenzen und sich nicht von ihnen mitreißen zu lassen. Auf diese Weise vermeiden Sie, sich unnötig zu erschöpfen.

Nathalie liebt Jonas sehr, seit über 30 Jahren ist sie mit ihm verheiratet. Ihr Verhältnis zu ihrer Schwiegermutter ist jedoch ziemlich schlecht. Theresa hat Nathalie nie verziehen, dass sie ihr den einzigen Sohn »gestohlen« hat. Als Theresa älter wird, nimmt die Aggression zu. In der Vergangenheit konnte Nathalie nach einem solchen »Angriff« mehrere Tage lang am Boden zerstört sein. Manchmal fragte sie sich, ob sie bei Jonas bleiben kann. Im Laufe der Jahre hat Nathalie gelernt, mit dieser Situation umzugehen. Ihr ist klar, dass Jonas ihr nicht helfen kann. Er war noch nie in der Lage, sich gegen seine Mutter abzugrenzen. Wenn Theresa jetzt Nathalie angreift, tut das immer noch weh. Aber Nathalie achtet darauf, dass die Unhöflichkeit ihrer Schwiegermutter nicht zu viel von ihrer Aufmerksamkeit in Anspruch nimmt. Sie trennt diese schmerzhaften Momente vom Rest ihres Lebens ab. Auf diese Weise kann sie ihr Leben mit Jonas besser leben.

Bis heute profitieren unzählige Menschen auf der ganzen Welt von der Expertise des Ignatius. Unterscheidung ist keine Technik oder Methode. Sie ist kein Zaubertrick, den man aus dem Ärmel schüttelt. Sie ist eine Lebensweise. Auch im 21. Jahrhundert kann man sie beherrschen. Unterscheidung ist eine Gabe. Sie ist auch eine Wahl. Unterscheidung ist nicht den wenigen Privilegierten vorbehalten. Sie kann erlernt werden.

Aktiv und passiv. In diesem Buch wird erklärt, was es braucht, um zu unterscheiden: ein inneres Leben und die Sensibilität des Herzens, aber auch Technik, geistige Disziplin, Aufmerksamkeit für das, was um einen herum geschieht, Analyse des Verstands, Geduld und Ausdauer.

Unterscheidung verlangt, dass man so viel wie möglich tut. Gleichzeitig lädt Unterscheidung dazu ein, radikal loszulassen, um zu empfangen. Unterscheidung ist sowohl aktiv als auch passiv. Sie erfordert Vertrauen und lässt Vertrauen wachsen. Wir entdecken immer wieder, dass die Antwort gegeben ist. Ihr eigenes Engagement ist notwendig, aber Sie brauchen keine Antwort zu erfinden. Letztlich ist Unterscheidung etwas, das mit Ihnen geschieht. Unterscheidung erfordert, dass Sie auf die Stimme hören, die in Ihrem Herzen spricht. Christen glauben, dass diese Stimme die Stimme Gottes ist. Sie weist uns auf den Pfad des Lebens hin, jeden von uns, alle.

Nachwort

Dieses Buch ist die Frucht jahrzehntelanger Studien, einer langen Ausbildung und persönlicher Erfahrung in der ignatianischen Unterscheidung, wie sie in den Exerzitien des Ignatius von Loyola dargestellt wird. Es ist kein wissenschaftliches Buch, sondern ein praktischer Leitfaden, der mit vielen Beispielen illustriert ist. Die Lektüre dieses Buches setzt keine Vorkenntnisse der ignatianischen Spiritualität voraus.

Deshalb habe ich mich entschlossen, jeden Jargon zu vermeiden. Der Leser wird vergeblich nach Fachbegriffen wie Trost, Trostlosigkeit, guter Geist, böser Geist, Feind der menschlichen Natur, Sünde, Demut usw. suchen. Es stimmt, dass dieser Jargon es ermöglicht, Nuancen und Feinheiten auszudrücken, die die normale Sprache nicht bietet. Die Erfahrung hat mich jedoch gelehrt, dass er bei Unerfahrenen oft zu Verwirrung und Missverständnissen führt. Stattdessen verwende ich Ausdrücke wie emotionale Grundlagen, Innenleben, positive und negative Gefühle, Konfrontation, Empfänglichkeit usw. Sie werden von Ignatius von Loyola nicht als solche verwendet, aber sie scheinen mir der heutigen Sprache und Kultur besser zu entsprechen.

Vielen Dank an Jos Moons SJ und Mark Rotsaert SJ für ihre kritische Lektüre des Manuskripts und ihre wertvollen Kommentare. Ein besonderer Dank geht schließlich an Paris Selinas, der einmal mehr seine Zeichenkunst in den Dienst dieses Buches gestellt hat.

Übersetzung aus dem Englischen: Stefan Kiechle SJ

Druckprodukt mit finanziellem
Klimabeitrag
ClimatePartner.com/12514-2402-1001

Der Umwelt zuliebe verzichten wir bei unseren Büchern
auf Folienverpackung.

Bibliografische Information der Deutschen Nationalbibliothek

Die Deutsche Nationalbibliothek verzeichnet diese Publikation in der Deutschen Nationalbibliografie; detaillierte bibliografische Daten sind im Internet über <http://dnb.d-nb.de> abrufbar.

www.echter.de
Druck und Bindung: Friedrich Pustet, Regensburg

ISBN
978-3-429-05939-2
978-3-429- 05299-7 (PDF)
978-3-429- 06638-3 (ePub)